Wonder
내 인생과 사랑에 빠지는 순간

Copyright ⓒ 1974 by Arthur Gordon
Under the title Wonder: Moments that Keep You Falling in Love with Life
All rights reserved.

Translated and used by permission of Arthur Gordon
through arrangement of KCBS Literary Agency, Seoul, Republic of Korea
Korean Edition Copyright ⓒ 2008 by Book21 Publishing Group, Republic of Korea

본 저작물의 한국어판 저작권은 KCBS Literary Agency를 통해
Arthur Gordon과 독점 계약한 (주)북이십일에 있습니다.
신 저작권법에 의하여 한국 내에서 보호받는 저작물이므로 무단전재와 무단복제를 금합니다.

Wonder 원더

내 인생과 사랑에 빠지는 순간

아서 고든 지음 | 하창수 옮김

• 프롤로그 •

순간의 아름다움에 찬사를 보내며

이 책은 뭐랄까, 곧이곧대로 사실을 기록한 자서전은 아니다. 여기에 찍힌 내 발걸음이 분명 앞을 향하고는 있지만, 당신에게 스스로를 돕는 매뉴얼을 제시하려는 건 아니다. 성공에 대한 확실한 방법을 알려주거나 마음의 평안을 얻는 손쉬운 청사진을 펼치겠다는 생각도 없다.

이 책은 단지 뭔가를 바라보는 한 사람의 방식을 반영한 것이다. 대부분의 이야기는 사소한 것들이다. 너무 이르거나 너무 늦게 일어나는, 그런 일들 말이다. 주제 또한 지극히 단순하며, 대부분의 이야기들은 일상에서 마주치던 것보다 더 평범한 사건일지 모른다. 조금만 더 생각을 멈추고, 바라보고, 느끼고, 주의를 기울였다면 더 큰 의미를 발견할 수 있었을 그런 이야기들.

이 책에 등장하는 인물과 수많은 대상들은 "당신은 누구인가?"라는 질문에 진정으로 대답을 해줄 수 있는 것들이다. 나의 일과 놀이, 친구들, 어린아이들, 개와 고양이, 한 쌍의 너구리가 바로 그러한 대상이었다. 나는 이들을 만나 온갖 성공과 실패, 도전과 자질구레한 재난들을 경험한 편집자이자 작가다. 결코 비범한 인생은 아니었지만 돌이켜보건대 꽤나 행운이었다는 생각이 든다. 또한 무척 행복했다.

  모든 인생은 평범하지만, 바로 그 평범한 삶 속에 경이로움이 있다. 이 책에서 당신은 조지아의 고즈넉한 해변과 황갈색 습지를 자주 만날 것이다. 그곳은 나에게 최초로 '삶이란 경이의 연속'이라고 깨닫게 해준 즐거움과 아픔이 함께하는 공간이다. 그 공간을 통해 당신 역시 삶의 아름다움을 만끽하게 될 것이다.

  이 책은 나름대로 면밀하게 짜여 있긴 하지만, 시간의 흐름은 자유롭게 구성되어 있다. 맨 첫 장부터 보기 시작해도 되고 맨 마지막 장부터 읽어도 상관없는, 농담처럼 얘기하자면 옆으로도 읽을 수 있는 책이다.

  어디부터 읽기 시작하든, 나는 당신이 이 책이 의미하는 바를 흔쾌히 받아들일 수 있기를 바란다. 그리하여 삶과 사랑에 빠지게 되기를 희망해본다. 바라건대 나는 이 책을 통해 인생이 제공하는 무한히 자유로운 선물들에 대한 한 사람의 감사를 당신에게 온전히 전할 수 있었으면 좋겠다.

아서 고든

• 차례 •

프롤로그_순간의 아름다움에 찬사를 보내며 4

1. 보살핌의 순간   기꺼이 먼저 다가가야 알 수 있다
해변 결혼식 12 | 나의 고양이, 겁쟁이 22 | 그날의 뮤직 박스 28 |
연민의 손을 내밀 때 38

2. 지혜를 나누는 순간   인생을 바꾸는 섬광 같은 찰나가 있다
마술을 가르쳐준 이방인 48 | 실패의 저편 57 | 작은 거인과의 대화 66 |
'다음'을 기대하는 자세 76

3. 만남의 순간   교감의 순간은 영원히 잊히지 않는다
내 아이의 시작 88 | 펠리컨의 마지막 인사 93 | 가장 멋진 '지금' 99 |
받아들임의 미덕 109

4. 깨달음의 순간   표현할 수 없는 놀라운 세계가 있다
별이 쏟아지던 밤 117 | 경이로움의 공유 125 | 아비새가 찾아왔던 날 131 |
기꺼이 깨어 있어야 할 때 140 | 가장 위대한 선물, 열정 148

5. 수용의 순간 예찬하고 옹호하고 받아들여야 한다
순간을 아는 지혜 159 | 의미 있는 멈춤 166 | 남과 다르다는 것 171 |
삶의 주인공이 되는 길 176 | 성공에 대한 새로운 잣대 184 |
위험을 환영하는 태도 191

6. 자아 발견의 순간 그 모든 기적들이 일어난다
마음 어루만지기 200 | 받아들임의 기도 210 |
가슴 깊이 새겨 넣을 이미지 219 | 삶을 사랑하는 일 226 |
놀라운 인생, 그 모든 기적들 234

에필로그 _ 한 개의 촛불이 꺼진다고
　　　　　세상이 모두 어두워지는 것은 아니다 239

1

보살핌의 순간

기꺼이 먼저 다가가야 알 수 있다

우리는 살아가면서 자기중심적인 삶, 이기적인 삶에서 벗어나기 위해 꽤나 애를 쓴다. 그러나 자기 자신보다 타인을 보살피는 일에 시간과 열정을 쏟는 삶을 사는 사람은 그리 많지 않다.

타인을 보살피는 사람이 되기 위해서는 용기가 필요하다. 누군가를 보살피려면 크고 작은 위험을 각오해야 하기 때문이다. 어려움에 처한 사람에게 가슴을 열고 속마음을 털어놓는 것은 쉬운 일이 아니다. 그게 쉬운 일이라면 많은 사람들이 그들에게 동정이나 연민을 보이거나 때로는 적개심을 드러낼 이유가 없을 것이다.

그러나 이런 위험을 일단 감수하고 나면 놀라운 사실을 깨닫게 된다. 진심으로 누군가를 보살피고 도와주다 보면 점점 더 많은 이들에게 정성을 다해 세심한 관심을 가지고 다가가게 된다는 사실 말이다.

상대방을 보살피는 데 정성을 쏟으면 여러 관계가 좋아진다. 부부와 가족 사이는 물론 친구 사이, 심지어 인간과 동물의 관계까지 따뜻하고 아름답게 만들어준다. 사실 우리들은 모두 이러한 관계 속에서 태어난 존재들이며, 이 관계를 돈독하게 하거나 끊어버리는 것 역시 자기 자신의 마음에 달려 있다.

따라서 누군가를 보살피기 위해서는 '무관심'이라는 갑옷을 벗어던져야 한다. 당신은 기꺼이 뭔가를 해야 한다. 그리고 다른 사람에 앞서 행동해야 한다. 그렇게 해야만 진정한 '보살핌의 순간'을 맛볼 수 있다.

어느 해질 녘, 나는 어린 딸과 함께 밀물이 밀려드는 것을 보고 있었다. 고요하면서도 눈부신 일몰의 시간이었다. 파도가 마른 모래 위로 얇은 금물처럼 밀려들고 있었다. 가까이로 더 가까이로. 그러다가 마치 애무라도 하듯이 바다에서 팔 하나가 나오더니 모래언덕의 아래편을 둥글게 감싸안았다. 그 광경을 가만히 바라보던 딸아이가 말했다.

"아빠, 정말 신기해요. 바다가 땅을 아끼고 보살피는 것 같아요. 마치 엄마처럼……"

나는 느낀 그대로 감동을 전하는 아이의 말에 저절로 미소가 지어졌다. 그랬다. 그것은 보살핌이었다. 땅은 그저 기다리고 있을 뿐이지만 바다는 땅을 보살피려고 다가왔다.

이 가르침은 사랑이 있는 곳이면 어디에나 존재해왔다. 기꺼이 행동하는 것, 다가가는 것, 받아들여지는 것, 그리고 받아들이는 것, 그래서 가득 채워지는 것. 그 모든 것 안에.

해변 결혼식

처음부터 두 사람은 형식적인 결혼식을 원하지 않았다. 들러리나 결혼행진곡 같은 건 필요 없다고 생각했다.

"엄마, 격식을 갖춘 전통적인 의식이 아름답긴 해요. 하지만 그건 누구나 다 하는 거잖아요. 켄과 저는 우리들만이 할 수 있는 결혼식을 원해요."

딸아이가 차분하게 말했다.

아이의 말에 전혀 일리가 없는 건 아니었다. 우리 가족이 사는 곳처럼 유서 깊은 마을에서는 전통이 사람들을 견고한 사슬로 결박하고 있는 법이다.

"그래, 이건 너희들 결혼식이니까. 그러면 어떤 식으로 하면 좋겠니? 시간은? 장소는?"

아내와 나는 찜찜한 마음을 떨쳐내지 못한 채 마지못해 물어보았다.

"해질 무렵이면 좋겠어요."

다나가 긴 금발머리를 쓸어 넘기며 꿈꾸듯 말했다.

"그리고 해변에서 할 거예요. 가능한 한 바다 가까이에서. 우리 마음을 잘 이해하는 목사님께 모든 사람들이 이해할 수 있는 쉬운 주례사를 부탁할 거예요. 고리타분한 옛날 말 같은 건 생략해달라고 하겠어요."

아내가 얕은 한숨을 쉬며 물었다.

"해변에서라면, 옷은 뭘 입을 거니?"

딸아이의 엄마인 아내로선 자연스런 질문이었다. 다나는 기다렸다는 듯이 대답했다.

"하얀색 긴 드레스요. 부케는 바다귀리로 만들 거고 구두는 신지 않을 거예요. 맨발로 모래를 느끼고 싶거든요. 이유는 모르겠어요. 그냥 그렇게 하고 싶어요."

나는 바다를 바라보며 속으로 중얼거렸다.

'다나가 당신을 선택했군. 당신이 이 아이한테 당신을 사랑하도록 가르쳤으니까. 아이는 깊숙이 숨겨진 본능으로 알 수 있었을 테지. 삶이 거대한 침묵을 통해 알려준 모래와 소금과 물이 만나는 그곳을. 아이는 본능을 따랐고 그것은 틀리지 않았어.'

이렇게 생각하자 나는 기분이 좋아졌다. 하지만 여전히 알 수 없는 근심이 사라지지 않았다. 물론 켄 때문은 아니었다. 그는 훌륭한 청년이었다. 건장하고 키도 컸다. 서핑 실력이 뛰어나 금세 챔피언이 되었고 지도자 면허도 갖고 있었다. 더 이상 바랄 게 없었다. 나는 나 자신에게 솔직하게 말했다.

'넌 두려워하고 있어. 바로 그거야. 네 인생에서 중요한 무언가가 끝날 수도 있다는 게 두려운 거야. 사랑이 사라져버릴지도 모른다는 두려움. 아, 정말 이런 감정을 멀리 던져버리고 싶다. 이걸 어떻게 말로 다 설명할 수 있을까?'

내 표정이 심난해 보였던지 다나가 평소처럼 나를 포옹하며 말했다.

"아빠한테 너무 큰 밀물이 닥친 거죠? 그렇죠? 하지만 폭풍우는 아닐 거예요."

"그럴 리가 있니. 하지만 우린 최선을 다할 거야."

나는 이렇게 딸아이를 안심시켰다.

그리고 그날이 왔다. 친구와 이웃, 그리고 친지들이 함께 모래언덕에 마련된 조그마한 반원형의 계단식 관람석에 서 있었다. 우리들 뒤편에선 저물어가는 해가 호박琥珀빛 화살을 쏘아댔고, 앞쪽으로는 상아빛과 옥빛, 금빛이 뒤섞인 바다가 함께 기뻐하듯 넘실거렸다. 하객들을 마주보고 서 있는 젊은 목사의 진홍색 줄이 수놓인 예복은 바람에 펄럭였고, 물거품이 그의 발뒤꿈치를 핥고 있었다. 그는 파도소리에 맞서기 위해 목소리를 한껏 높여야 했다.

"이 두 사람 켄과 다나는, 그들의 생애에 가장 중요한 순간을 우리와 함께하기 위해 오늘 이곳에 서 있습니다. 이 바닷가에서 그들은 서로를 사랑하고 서로를 이해하는 법을 배웠지요. 이제 남편과 아내로 살아가기로 결정한 이 두 사람은……"

'이 바닷가에서…….'

시간을 거슬러 오르는 몇 개의 영상들이 떠올랐다. 오래전 여기서 그리 멀지 않은 곳이었다. 딸아이가 썰물이 빠져나가며 만들어놓은 웅덩이 옆에서 놀고 있었다. 다나는 그때 세 살이었다. 바다를 바라보고 있던 내가 무심코 딸아이가 있는 쪽으로 눈길을 돌리는 순간 믿을 수 없는 일이 벌어졌다. 아이가 보이지 않았던 것이다. 심장이 멎어버리는 것 같았다. 나는 미친 듯 웅덩이 속으로 뛰어들었는데, 바로 그때 물에 흠뻑 젖은 조그마한 몸이 햇살을 흩어놓으며 솟구치는 게 보였다. 나는 안도감에 휩싸였다.

'다나, 너 물속에서 숨을 참는 법을 배웠겠구나…….'

그런데 아이는 커다란 회색 눈을 반짝이며 새침한 표정으로 나를 힐책했다.

"아빠, 좀 빨리 왔어야죠? 저 아래는 너무 깜깜하고 거품 같은 것도 많았다고요."

그로부터 몇 년이 지나 아마도 아이가 열한 살인가 열두 살이었을 때, 바로 그곳에서 딸아이와 나는 병이 들어 몸을 마구 떨고 있는 늙은 펠리컨을 발견했다. 우리가 할 수 있는 일은 아무것도 없었다. 그저 죽어가는 모습을 지켜볼 뿐이었다. 아이는 그때 태어나서 처음으로 죽음이라는 충격을 경험했다. 아무런 방어 장치도 없는 한 어린 영혼을 향해 연민의 고통이 아프게 파고들었다.

한참 시간이 지나고 나서 아이는 눈물을 흘리며 입을 열었다.

"휴, 우리가 잘 모르는 펠리컨이라서 다행이에요."

아이는 자신의 괴로움을 덜어낼 수 있는 뭔가를 찾아낸 것이었다.

시간을 더 가까이로 돌려보면 황금빛 오후가 떠오른다. 딸아이는 개와 산책이라도 해야겠다고 진지하게 말했다. 하지만 그 애가 정말 하고 싶은 건 파도타기를 하고 있는 켄을 보는 것이다. 다나는 두 팔로 무릎을 감싼 채 모래언덕에 앉아 있었고, 그 곁에는 덩치가 큰 독일산 셰퍼드가 조각처럼 앉아 있었다. 켄은 그 애의 속마음을 잘 알지 못하는 것만 같았다. 딸아이의 눈빛에 사랑과 동경이 가득한데도 말이다.

'이 바닷가에서 시간은 왜 이렇게 빨리 지나갔을까. 왜 아무것도 머물러 있질 않는 거야.'

나는 혼잣말을 중얼거렸다.

젊은 목사의 나직한 목소리가 이어졌다.

"우리는 앞으로의 시간을 함께할 것을, 기쁜 일이건 슬픈 일이건 그들 앞에 닥칠 모든 것을 받아들일 것이라는 켄과 다나의 얘기를 듣기 위해 이곳에 초대받았습니다. 우리를 둘러싸고 있는 것들은 우연히 선택된 것이 아닐 겁니다. 바다를 사랑하는 사람들은 신의 심장이 뛰는 소리를 들을 수 있지요. 썰물과 밀물, 일출과 일몰, 밤하늘에 떠오르는 별들을 통해서 말입니다. 우리를 둘러싸고 있는 아름다움 속에 내재하는 힘, 그것이 이끌어오는 평화로움에 우리는 감사를 드립니다."

나는 생각했다.

'그렇지. 그게 힘을 주었어. 위대하면서도 소박한 것들이 실현되는 그곳에서 우린 우리가 해야 할 모든 것을 묵묵히 견디며 기다리는 법을 배우는 거지. 누군가에게 그곳은 바다일 거고 누군가에겐 산일 테고. 찬미의 시인이 지은 노래처럼 말이야. 눈을 들어 하늘을 보면……'

목사는 신랑, 신부에게 말하고 있었다.

"다나 그리고 켄, 말보다 쉬운 건 없어요. 어떤 것도 매일매일 살아가는 일보다 힘들진 않아요. 오늘 두 사람이 약속한 것은 반드시 다시 새로워져야 합니다. 내일, 모레, 두 사람 앞에 펼쳐진 매일매일 고쳐나가야 합니다. 결혼식이 끝나면 두 사람은 합법적인 남편과 아내가 됩니다. 하지만 두 사람은 절실히 합쳐지기를 원했던 그날들로 돌아가지 않으면 안 됩니다."

'두 사람은 저 말을 이해할 수 있을까? 우리들도 모두 그렇게 하려고 했지만 아무런 확신도 없이 수많은 시간을 흘려보내고 말았다는 사실을 그들은 알 수 있을까?'

두 아이를 바라보며 나 자신에게 물었다.

젊은 목사의 목소리가 부드럽게 계속되었다.

"우리 모두는 두 사람이 깊이 사랑한다는 것을 알고 있습니다. 그러나 따스함과 행복감, 흥분과 연애감정을 넘어서 있는 사랑이란 진정 무엇일까요? 진정한 사랑이란 두 사람이 배우자로서 느끼는 안락함과 행복보다 더 서로를 보살펴주는 것입니다. 진정한 사랑은 소유하는 것이 아니죠. 그건 자유로워지는 것입니다. 사랑으로 인해 자유로워질 때 비로소 최선의 모습이 나타나는 것입니다. 진정한 사랑은 서로의 모든 것을 단지 받아들이는 것만이 아닙니다. 같은 방향을 함께 바라보는 것이죠. 사랑은 무거운 짐을 덜어줍니다. 두 사람이 나누어 가지니까요. 사랑은 더욱 많아집니다. 함께 누리고 나누기 때문이죠. 사랑은 여러분을 더욱 강하게 만들 것입니다. 홀로 위험을 맞지 않고 서로를 도우며 삶을 공유하기 때문입니다."

나는 생각했다.

'옳은 말이야. 하지만 주례사를 듣는다고 해서 배울 수는 없지. 자신이 직접 살아내기 전엔 알 수가 없어. 몇 가지 지식만 가지고 결혼생활을 잘 꾸려가고 인생을 훌륭하게 살아내기는 어려워. 성자라고 해도 힘들 거야. 우리가 할 수 있는 건 노력뿐이지만 그건 또 얼마나 힘이 드는데.'

이제 질문과 대답을 듣는 시간이었다. 딸아이가 희망한 대로 고리타분한 옛날 말이 아니라 그야말로 진심을 담은 요즘 시대의 언어로 목사가 물었다.

"켄, 당신은 다나를 아내로 받아들이겠습니까? 당신은 그녀를 사랑하고 존중합니까? 당신은 항상 그녀에게 정직할 건가요? 무슨 일이 닥쳐도 그녀 곁에 있을 건가요? 진정으로 그녀와 함께 당신의 삶을 나누며 무엇이든 받아들일 건가요?"

"네, 그렇게 하겠습니다."

키다리 청년이 대답했다. 그리고 똑같은 질문에 아름다운 숙녀도 같은 대답을 했다.

목사의 흔들림 없는 시선은 이제 부모들에게 향했다.
"누가 이 여인을 이 남자의 곁에 서도록 하셨죠?"
"우리입니다."
아내와 내가 함께 대답했다. 이제 딸아이가 우리의 소유가 아니라는 사실을 인정해야 할 시간이었다. 딸아이는 이제부터 온전히 자기 자신으로 살아갈 것이다. 지금까지 우리의 사랑 안에 머물러 있었지만, 더 이상은 여기 이 평온한 하늘 아래 끝없이 펼쳐진 바다가 있는 이곳에 머물러 있진 않을 것이다.
켄의 부모도 우리와 똑같은 대답을 했다. 우리들 네 사람에게 목사는 하나의 과제를 주었다.
"여러분들은 기꺼이, 언제까지나, 여러분의 사랑과 관심으로 켄과 다나를 격려하며 이 결혼을 지원하고 그들에게 힘이 되어줄 건가요?"
"그렇게 하겠습니다."
네 사람이 대답했다. 그리하여 우리는 언약의 일원이 되었다. 누구를 더 좋아하는 일은 있을 수 없다. 누구의 편을 드는 것도. 결혼생활을 위협하는 모든 것들에 맞서 조용하고 지속적으로 그들을 지켜주어야만 한다.
'우린 그렇게 해야 해. 그리고 할 수 있어.'
나는 다짐했다.
문득, 바람이 멎어버린 것 같았다. 바로 옆에서 바다귀리가 쑥쑥 자라나는 듯했다. 켄을 향해 내밀고 있는 다나의 손가락이 떨렸다.

키가 큰 켄이 긴장된 목소리로 말했다.

"나는 이 반지를 사랑과 기쁨으로 당신께 드립니다. 나는 오늘뿐 아니라 매일, 당신을 아내로 선택할 것입니다."

"나는 이 반지를 받겠습니다."

우리 아이가 성숙한 여인의 목소리로 조그맣게 말했다.

반지가 교환되는 동안 침묵이 이어졌다. 아무도 움직이지 않았다. 뭐라고 표현하기 어려운 감동과 시간을 초월해 그 자체로 충만해진 삶의 온기가 하객들의 얼굴에 가득 피어올랐다.

그 순간 이런 생각이 들었다.

'그래, 무슨 일이든 이렇게 시작하는 법이지. 확신도 보장도 없이. 존재하는 건 단지 하나의 선택, 하나의 의도, 하나의 약속, 하나의 희망뿐……'

목사는 앞으로 다가가 두 사람의 손을 잡았다.

"켄, 다나. 여기 있는 우리는 두 사람이 결혼을 통해 삶을 공유한다는 약속을 들었습니다. 우리는 두 사람이 한 맹세를 존중하며 인정합니다. 두 사람의 혼인을 진정으로 맺어주는 것은 지금 두 사람 앞에 서 있는 목사도 여기 계신 분들도 아닙니다. 두 사람을 진정으로 맺어주는 것은 두 사람이 이미 말했고, 여기 모인 하객들과 하나님 앞에서 두 사람이 보여준 신의와 성실입니다. 저는 지금 여기 계신 모든 분을 대신해 부부가 되었음을 확인하는 의미로 두 사람의 손을 잡았습니다."

목사는 따뜻한 미소를 띠며 두 사람의 손을 놓아주었다.

"결혼식은 모두 끝났습니다. 이제 막 부부로서의 첫날이 시작되었습니다. 그러니 즐거움을 맞으러 앞으로 나아가십시오. 삶을 사랑하십시오. 그러면 삶이 두 사람을 사랑할 것입니다. 두 사람에게 신의 축복을!"

다나가 신랑에게 키스를 하고 나서 두 팔을 벌리며 엄마에게로 돌아서는 모습을 보면서 나는 생각했다.

'두 사람에게 신의 축복을!'

모든 포옹과 악수, 요란한 웃음소리와 남을 의식하지 않는 눈물이 그렇게 외치고 있었다.

'신의 축복을!'

사람들에게서 멀어졌다가는 다시 밀려온 바람과 파도도 그렇게 중얼거렸다. 나는 지나간 시간들을 떠올려보려고 했지만, 이상하게 아무것도 떠오르지 않았다.

나의 고양이, 겁쟁이

　우리가 녀석을 데려온 곳은 길을 잃어 홀로 떠돌거나 주인에게서 버림받은 동물들을 보호하는 곳이었다. 녀석은 회색과 흰색 털이 섞여 있는 파란 눈의 새끼 암고양이였다. 이름도 집도 없는 도둑고양이였지만, 너무 어려서 혼자서는 접시에 담긴 우유조차 핥아먹을 수 없었다. 우리는 안약을 넣을 때 쓰는 점안기에다 우유를 넣어서 먹여야만 했다. 녀석은 갑자기 맞닥뜨린 낯설고 새로운 세계를 좋아하지 않았다. 침대 아래에 숨어서 으르렁대기만 했다. 그 모양이 몹시 우스워서 녀석에게 붙여준 이름이 '겁쟁이'였다.

　아주 자연스럽게 녀석은 곧 우리와 친해졌다. 늘어지게 자고 일어나서는 종이를 뭉쳐놓은 걸 장난감 삼아 가지고 놀았다. 새끼고양이들이면 다 하는, 제 꼬리를 잡으려고 뱅뱅 도는 짓 따위는 하지 않았지만 녀석은 나름대로 꽤 즐겁게 시간을 보냈다.

우리가 시골로 이사를 가게 된 것은 더할 나위 없이 좋은 일이었다. 녀석은 제법 자라서 뒷마당의 풀밭을 으스대며 걷기를 좋아했다. 두어 번 쥐를 잡아서는 보란 듯이 집 안으로 물고 오기도 했고, 언젠간 새를 잡아온 적도 있었다. 다행히 다치지 않은 새를 빼앗아 날려 보내주었는데, 녀석의 눈에는 쥐와 새를 구별하지 못하는 우리가 무척 바보스럽게 보인 것 같았다. 논리적으로야 녀석이 옳았다.

녀석은 무척이나 쌀쌀맞은 꼬맹이였다. 여전히 아주 조그만 고양이에 불과한 녀석은 누구에게도 애교 따위는 부리지 않았다. 별로 기분이 좋지 않을 땐 쓰다듬어주어도 반가워하기는커녕 발톱으로 할퀴기 일쑤였고 가끔은 물기도 했다. 물론 이런 일로 짜증을 낼 필요는 없었다. 그냥 데리고 있든 내다버리든 그건 내가 마음먹기 나름이었으니까.

시골로 이사를 하면서 우리는 개 한 마리를 들였다. '메이저'라는 이름의 귀여운 복서(boxer, 불독과 비슷한 꼬리가 짧은 개) 견이었다. 겁쟁이는 메이저를 무척이나 싫어했다. 처음 한 달가량은 메이저가 가까이 오면 으르렁거리며 코를 할퀴거나 놀라게 해서 도망을 치게 만들었다. 이럴 때마다 나는 몹시 화가 나서 겁쟁이를 한두 대씩 때리곤 했다. 그러면서 호통을 쳤다.

"대체 무슨 생각으로 이러는 거니? 넌 한낱 고양이일 뿐이야. 그걸 기억하란 말이야!"

우리는 이런 돌발행동이 아직 어린 겁쟁이가 새끼를 배었기 때문이라는 걸 뒤늦게야 알았다. 새끼를 낳을 때가 되자 녀석은 여느 고양이

들처럼 더 이상 몸을 숨기지도 않았고, 우리를 피하지도 않았다. 아마도 녀석은 그래봐야 자신만 불리하다는 걸 알아차린 것 같았다. 자신은 혼자였고 상대는 덩치도 크고 숫자도 많으므로 혼자서 대적한다는 건 불가능한 일이었다. 나는 그런 녀석을 도와주어야 했다. 다가가면 녀석이 물지도 모르겠다는 생각이 들었지만 다행히 그런 일은 일어나지 않았다. 녀석은 그저 겁먹은 눈으로 나를 지켜보다가 가만히 내 손을 핥곤 했다. 그런데…… 녀석의 새끼는 죽은 채로 태어났다.
"너무 상심하지 마라, 겁쟁아. 다음엔 더 좋아질 테니까."
아내와 나는 녀석을 위로했다.

며칠이 지나는 동안 녀석은 눈에 띄게 야위어갔다. 녀석은 새끼를 찾으려고 이곳저곳을 쑤시고 다녔다. 눈치를 보아하니 제 새끼가 보이지 않는 게 메이저 때문이라고 생각하는 게 분명했다. 메이저에 대한 녀석의 질긴 원한이 다시금 되살아났다. 모든 게 예전으로 돌아가버렸지만 나한테 고마워하는 것만은 여전했다. 녀석은 내 뒤를 졸졸 따라다녔다. 의자에 앉기라도 하면 금방 무릎 위로 뛰어올라서는 앞발로 내 가슴을 톡톡 건드리며 몹시 슬픈 표정으로 쳐다보곤 했다.
"산부인과 주치의와 사랑에 빠진 산모 같네요."
아내가 웃으며 말했다.
"모성본능이 잘못 발동한 거지. 다시 새끼를 가지면 없어질 거야."
자연도 나와 똑같은 생각을 했던 모양인지, 그리 오래지 않아 겁쟁이는 다시 임신을 했다. 우리는 이번엔 적어도 두 마리의 새끼고양이가 찾아올 거라고 상상했다. 겁쟁이와 겁쟁이보다 더 조그마한 놈. 우리는 녀석 때문에 아주 행복했다. 녀석은 잠을 잘 잤고 불만도 없어 보였다.

그런데 며칠 전 녀석이 감기에 걸리고 말았다. 우리는 녀석이 주는 대로 잘 먹는 편이라 그다지 염려를 하진 않았다. 녀석은 졸음증이라도 걸린 듯 아무 때나 쓰러져 잠이 들었다. 그럭저럭 출산일이 가까워 왔는데, 어제 이른 아침 부엌에서 자고 나온 녀석이 우리 부부의 침대로 훌쩍 뛰어올랐다. 그러더니 내 무릎에 몸을 말고는 나를 쳐다보며 우울한 소리로 울어댔다.

"재롱둥이에게 무슨 일이 생긴 거지? 우리한테 할 말이 있나 본데?"

내 입에선 저절로 한숨이 나왔다.

녀석은 물조차 먹질 못했다. 저녁에 결국 수의사를 불렀다. 수의사는 녀석을 보더니 단순한 감기인 것 같다고 말했다. 열은 없었고 크게 잘못된 것 같지도 않았다.

그리고 오늘 아침, 제 몸을 끌고 겨우 계단을 올라온 겁쟁이는 침대로 뛰어오르지를 못했다. 녀석의 입천장은 무척이나 파리했고 눈동자도 흐릿했다.

나는 다시 수의사에게 전화를 걸었다. 일요일 이른 아침이었지만 녀석을 데려오라고 했다. 수의사는 녀석을 조심스럽게 살펴보더니, 가망이 없을 때 전문가란 사람들이 늘 하는 말을 쏟아냈다.

"죄송합니다. 자궁에 감염이 있네요. 새끼들이 죽은 것 같습니다."

"수술이라도 하면 녀석을 살릴 수 있지 않을까요?"

수의사는 고개를 저었다.

"수술을 하더라도 생명을 조금 연장하는 것뿐입니다. 거의 가망이 없습니다."

그는 내 얼굴을 물끄러미 바라보았다. 그는 친절했고 동물을 사랑하는 사람이었다.

"제가 선생이라면 녀석을 그냥 보내줄 겁니다."

그가 부드럽게 말했다.

한참 뒤에야 나는 고개를 끄덕였다.

"지금 시행할까요? 아니면 선생께서 돌아가신 뒤에 할까요?"

수의사가 물었다.

"함께 있겠습니다."

내가 말하자 수의사는 피하용 주사기와 넴뷰탈이라는 최면제를 가지고 왔다.

"아프진 않아요. 그냥 잠을 자게 될 겁니다. 그걸로 끝이지요."

주사기의 바늘이 빠르고도 자비롭게 급소를 찾아 들어갔다.

녀석은 그저 길거리를 배회하는 도둑고양이었다. 족보 같은 게 있을 리 없었다. 주인의 환심을 사려고 재주를 부릴 만큼 영리하지도 못했다. 하지만 차에 태우고 갈 때면 신이 나서 얼마나 몸을 굴려댔는지를 나는 기억하고 있었다. 식사를 하다가 멜론 조각을 던져주면 녀석이 얼마나 좋아했는지도 기억이 난다. 발로 제 귀를 긁어대는 걸 좋아했으며, 매를 맞은 녀석이 어떻게 내 손을 핥았는지도 떠오른다. 그날은 하필이면 녀석이 죽은 새끼를 낳은 날이었다.

  나는 혹시라도 무서워할까봐 녀석의 몸에 손을 댄 채로 서 있었다. 그리고 마지막 인사를 했다.

  "잘 될 거야. 겁쟁아, 잘 자거라. 편히 잠들어야 해."

  마침내 녀석은 작고 깨끗한 제 발 위에 고개를 묻고는 눈을 감았다.

  나는 지갑을 꺼내려고 주머니를 더듬었지만 미처 챙기지 못한 모양이었다.

  "급하게 오느라고 돈을 갖고 오질 못했네요. 곧 보내드리겠습니다."

  "편하실 대로 하세요."

  나는 마지막으로 녀석의 귀를 만져보고는 출입문 쪽으로 돌아섰다. 고요하고 화창한 여름 아침의 황금빛 햇살이 대지 위로 떨어지고 있었다. 푸른 풀밭 위의 커다란 버드나무가 하늘을 향해 무성하게 초록빛을 터뜨렸다.

  나는 허겁지겁 차에 올라탔다. 급하게 차를 몰았지만 얼마 가지 못해 차를 세우고는 운전대에 이마를 대고선 울음을 터뜨리고 말았다. 녀석은 너무 어린 고양이였다. 내 무릎에 기대어 울어대던 녀석을 도와주지 못했다.

  나는 너무 늦게야 깨달았다. 잃어버린 다음에야 얼마나 사랑했는지를 알게 되는, 그 지독한 공허가 내 가슴을 아프게 짓눌렀다.

그날의 뮤직 박스

일이 아주 잘 되어가고 있을 때, 곤란한 문제도 해결되고 더 이상 걱정할 일이 없어졌을 때, 당신은 가끔 뒤를 돌아볼 것이다. 다음 날 무엇을 할 수 있을지 심지어 몇 시간 뒤엔 무슨 일이 벌어질지를 걱정하던 당신이 정말 힘들었을 때의 고통과 불안을 회상하는 것이다.

안도감이 들 거라고 예상했을 테지만, 오히려 당신은 일종의 슬픔을 느낄 것이다. 그것은 후회라고나 할까, 마치 뭔가를 잃어버린 것 같은 감정이다. 그 이유는 비록 끔찍한 시간들이지만 지나간 시간들이 생생하게 느껴지기 때문이다. 단지 하나의 단어, 하나의 몸짓, 혹은 오래된 노래 몇 소절일 뿐인데도 그들은 태풍처럼 아프고 슬픈 추억을 모두 당신에게 몰아오는 것이다.

그해 여름 우리는 무일푼이었다. 나는 잡지사를 그만두고 프리랜서로 나서도 될 만큼 열심히 일했다는 자부심이 있었지만, 그건 계산착오였다. 아직 때가 아니었던 것이다. 조급한 상태에서 쓴 글은 엉망이었다. 우리는 가재도구들을 시 외곽의 야외 경매장에 계속 내놓아야 했다. 더 이상 내놓을 게 없자 아내 팸은 아이들을 데리고 한동안 할머니 댁에 가있겠다고 했다. 말다툼을 벌일 이유가 없었다. 빚을 갚을 수도 생활비조차 융통할 길이 없는 상태였으니까.

어느 날 이른 아침 아내는 떠났다. 그날은 내 생애에서 가장 긴 하루였다. 일을 해보려 했지만 손에 잡히지 않았다. 텅 빈 집 안은 너무도 고요했다. 나는 이런 상황을 더 이상 견뎌내지 못할 거라고, 그래서 내가 해야 할 일은 잡지사에 전화를 걸어 예전에 하던 일거리가 아직 있는지를 물어보는 것뿐이라고 끊임없이 중얼거렸다. 어쩐지 일거리를 얻을 수 있을 것만 같았지만 결국 전화를 걸 용기가 없었다. 그렇다고 다른 용기가 있었던 것도 아니다. 나는 실패를 시인할 용기가 없었다.

해가 지고 황혼이 외로움 위로 어둡게 내려앉았다. 완전히 어두워지자 나는 야외 경매장으로 가야겠다는 생각이 들었다. 내 손에는 여행가방이 하나 들려 있었다. 팸의 생일이 얼마 남지 않았다. 나는 아내에게 선물을 해주고 싶었다.

야외 경매장은 아무도 필요로 하지 않는 고물과 그 고물을 내다 팔러 온 사람들의 접이 의자가 딸린 텐트로 가득 차 있는 거대한 창고였다. 쓰다 버린 듯한 온갖 물건들에 헌 옷가지, 여기저기 깨진 것들까지 경매에 나와 있었다.

경매장 주인 윌리 매든은, 불이 꺼진 시가를 입에 물고는 눈 아래까지 깊숙이 눌러 쓴 초록색 선캡의 챙 너머로 의심 가득한 눈을 번득이며 세상을 살펴보는 고집 센 땅딸보였다. 그와 팸은 몇 번 거래를 하면서 친해졌지만, 나는 그를 그다지 좋아하지 않았다.

나는 여행 가방을 진열해놓고는 오래된 가구와 이가 빠진 도자기들, 곰팡내가 풍기는 책들을 구경하며 한 시간쯤 설렁설렁 돌아다녔다. 그러다가 창고 뒤편에 이르러서 가까이 몸을 붙인 채 귓속말을 주고받는 젊은 부부를 보았다.

그들은 주의를 끌 만한 커플이 아니었다. 남자가 키가 큰 편도 아니었고 여자가 특별히 예쁘지도 않았다. 하지만 왠지 모르게 그들에게도 멋진 구석이 숨겨져 있을 것 같았다. 그들은 중고 유모차를 살펴보는 중이었다. 머지않아 그게 필요할 모양이다.

내게도 들릴 만큼 큰 목소리로 여자가 남자에게 말했다.

"가서 한번 물어봐, 응?"

남자가 고개를 끄덕이더니 자리를 떴다. 그가 떠나자 여자는 유모차를 유심히 내려다보면서 그 자리에 서 있었다. 유모차는 아직은 쓸 만해 보였다. 그녀는 상아색 손잡이를 부드럽게 움직여보기도 하고, 잘못 본 것이었기를 바라는 듯 몸을 구부려서 가격표를 다시 살펴보기도 했다.

곧 그녀의 남편이 윌리 매든과 함께 그곳으로 돌아왔다. 윌리는 유모차에 붙은 가격표를 유심히 살피고 나서, 모자 챙 너머로 힐끔 나를 쳐다보더니 툴툴거렸다.

"25달러가 맞아. 이 값이면 완전 거저지. 50달러 값은 족히 하는 물건인데."

여자는 난감한 표정으로 유모차를 내려다보기만 했다. 윌리가 하는 수 없다는 듯 말했다.

"좋아, 그렇게 하슈. 그렇게 하라구. 당신들이 깎은 값으로 해줄 테니 서두르는 게 좋을 거요. 45분 안에는 진열을 해야 하니까."

경매에 내놓을 물건들을 가지러 갔던 젊은 부부는 채 20분도 지나지 않아서 돌아왔다. 나는 그들이 윌리의 어지러운 책상 위에다 낚싯대와 커플 옷 두 벌, 자명종 시계, 그리고 뮤직 박스처럼 보이는 물건 등 몇 개의 잡동사니를 올려놓는 걸 보았다. 후하게 값을 매긴다 해도 25달러에는 한참 못 미쳐 보이는 물건들뿐이었다. 윌리 역시 그렇게 생각할 게 뻔했다. 윌리는 미심쩍은 듯 손가락으로 뮤직 박스를 가리켰다.

"이거, 작동되는 거요?"

여자가 재빨리 대답했다.

"한 곡은 연주를 한답니다. 원래는 세 곡을 할 수 있는 거지만."

윌리의 시가가 천천히 움직였다.

"난 저 유모차를 22달러에 사들였다오. 여기 이 장부에 적혀 있으니 확인해보고 싶다면 언제든 보여줄 수 있소. 그러니 만약 당신네 물건들이 그 값에 팔린다면 유모차를 가질 수가 있을 거요. 하지만 아무리 봐도 안 될 것 같소. 그래도 딴소리하지 마슈. 자, 이제 텐트로 가서 기다려요. 난 내 일을 해야 하니까."

나는 그들의 뒤를 슬금슬금 따라갔다. 나는 그들의 얼굴이 보이는 곳에 자리를 잡고 앉았다. 부부는 손을 마주잡은 채로 경매가 시작되기를 기다렸다.

드디어 경매가 시작되고, 내 여행 가방은 40달러는 족히 받을 만한 물건이었지만 억세게 운 좋은 자가 14달러에 냉큼 낙찰을 받았다. 젊은 부부가 내놓은 물건들은 마지막으로 경매에 부쳐졌다. 꽤 늦은 시각이었다. 그들이 내놓은 물건들 중에서 낚싯대는 3달러에, 커플 옷 두 벌과 자명종 시계는 각각 50센트에 낙찰되었다. 절망적인 상황이었다. 나는 그들의 표정을 보지 않으려고 애썼다.

윌리가 뮤직 박스를 집어 들었다.

"그래도 이건 진품이구먼. 제대로 작동만 한다면 제법 받을 수 있을 텐데. 어디 한번 틀어보기나 할까."

윌리가 버튼을 누르자 상자에서는 가르릉거리는 희미한 소리가 들려왔다. 그 노래는 스티븐 포스터의 「아름다운 꿈」이었다. 딸랑딸랑 소리를 내며 천천히 구슬프게 흘러나오기 시작한 그 노래는 미국 민요 중에서도 사람들의 마음을 가장 사로잡는 곡이었다.

'아름다운 꿈 깨어나서, 하늘의 별들을 바라보라.'

천막 안은 숨죽인 듯 고요했다. 노랫소리는 가늘었지만 또렷하게, 그리고 달콤하게, 외롭고 가슴 아픈 사람들의 마음속으로 그리고 그들이 내놓은 허름한 물건들 안으로 스며들었다. 사람들은 아무 말도 할 수가 없었다. 슬그머니 고개를 돌려 부부의 얼굴을 보는 순간 나는 목이 멜 것만 같았다.

음악이 멈추고 윌리가 입을 열었다.

"자! 10달러부터 시작해볼까요? 10달러, 누구 없소?"

침묵이 이어졌다. 경매가 끝나면 여행 가방을 판 14달러가 내 수중에 들어올 것이다. 수수료를 제하면 더 적어지겠지만. 그 생각을 하면서 동시에 나는 아내의 생일을 떠올렸다.

"5달러, 누구 없소? 여기 이 진짜 골동품을 단돈 5달러에 사갈 사람 없소?"

윌리가 조급하게 소리쳤다.

나는 깊이 숨을 쉬고는 입을 벌렸다. 하지만 내 입은 아무 소리도 내지 못한 채 도로 닫히고 말았다.

"5달러!"

그 소리는 내 뒤편에서 들려왔다. 나는 고개를 돌렸다. 허름한 옷에 기름이 반들거리는 콧수염이 난 빼빼 마른 남자였다. 몇 번 경매장에서 본 적이 있지만 직접 경매에 나서는 걸 본 건 처음이었다.

윌리 역시 놀라는 눈치였다.

"5달러가 나왔소……. 누구, 10달러 낼 사람 있나요? 그럼 8달러?"

"여기, 8달러!"

멀리 앉아 있던 새처럼 자그마한 여자였다. 사람들의 시선이 다시 허름한 옷의 남자에게로 향했다. 그는 전혀 머뭇거리지 않았다.

"10달러!"

"12달러!"

그의 소리가 떨어지기 무섭게 라이벌이 외쳤다. 두 사람 모두 겉으로 봐서는 12센트도 갖고 있을 것 같지 같았다.

"12달러, 나왔습니다. 방금 15달러라는 소리를 들은 것 같은데?"

윌리가 소리를 쳤다.

갑자기 조용해졌고 침묵이 길어졌다. 만약 15달러에만 낙찰이 된다면, 나머지 물건을 처분한 값을 보태 젊은 부부는 유모차를 가져갈 수 있을 것이다. 여자의 얼굴이 파랗게 질렸다. 남편의 손을 얼마나 꽉 쥐고 있었던지 내가 다 걱정이 될 정도였다.

허름한 차림의 남자가 천천히 몸을 일으켰다. 그러곤 이게 마지막이란 듯 외쳤다.

"15달러!"

그것으로 경매는 끝났다. 이제 뮤직 박스는 콧수염의 신사에게로 넘어갈 것이었다. 그 순간, '만약 저 사람한테 15달러가 없으면 어떻게 하지'라는 불길한 생각이 들었다. 하지만 그런 일은 벌어지지 않았다. 콧수염의 신사는 윌리의 조수에게 돈을 지불하고서 뮤직 박스를 가져갔다.

텐트는 비었고, 뜻밖의 음악을 선사해주었던 유모차도 떠나갔다. 나는 여행 가방을 판 돈을 주머니에 챙겨 넣었다. 커피 한 잔이 간절했다. 정말이지 그냥 빈집으로 돌아가고 싶지가 않았다. 길 건너편 식당으로 들어서던 나는 문가에서 그만 발길을 멈추고 말았다. 새처럼 자그마한 여인과 그녀의 라이벌이었던 콧수염 난 남자가 높다란 일인용 의자에 나란히 앉아 있었던 것이다.

그제야 나는 모든 것을 이해할 수 있을 것 같았다. 나는 그들에게로 다가가 이미 다 알고 있다는 듯 날카롭게 물었다.

"뮤직 박스는 어디 있죠?"

"뮤직 박스?"

남자는 조금 당황한 듯 되물었다.

"왜 그래요? 그건 윌리가 갖고 있는데."

나는 여자에게로 고개를 돌렸다.

"그렇다면, 윌리가 당신에게 얼마를 주고 산 거요?"

그녀는 커피에다 도넛을 담갔다가는 맛나게 베어 물었다.

"물론 한 푼도 주지 않았죠. 우린 그저 즐기기만 했을 뿐이에요. 그렇죠, 헨리?"

"그렇다면 당신이 뮤직 박스를 산 게 윌리의 돈이었단 말인가요?"

"물론이오. 15달러나 주고 뮤직 박스를 살 돈이 내게 어디 있었겠소? 윌리는 사람들한테 말랑하게 보이고 싶지 않았던 거지."

헨리의 말을 듣고 나는 식당을 나와 경매장 창고로 갔다. 윌리가 책상 앞에 앉아 있었다. 문득 그가 초록색 선캡을 쓰는 건 남들에게 강한 인상을 주기 위해서란 생각이 들었다.

"뮤직 박스는 어디 있어요?"

그가 나를 정면으로 쳐다보았다.

"무슨 박스?"

"이러지 말아요, 윌리. 당신이 한 일을 다 알고 있으니까. 어디 있냐고요?"

윌리의 모자 챙이 조금 왼쪽으로 움직였다.

"저기 찬장 안에. 왜 그러는데?"

"저한테 넘겼으면 해서요. 돈이 마련되면, 20달러를 드릴게요."

윌리는 의자 등받이에 몸을 파묻었다.

"그 뮤직 박스로 뭘 하시게?"

"팸에게 생일 선물로 주려고요."

윌리가 고개를 주억거리며 빈정거리듯 말했다.

"미쳤군. 5달러도 안 되는 걸 20달러에 사겠다고? 세 곡을 연주해야 할 뮤직 박스가 딱 한 곡만 할 수 있을 뿐이라구."

"그 한 곡이면 충분합니다. 노래는 한 곡이지만 수많은 사랑이 담겨 있으니까요."

"사랑?"

윌리가 말했다. 그는 천천히 일어나 책상을 벗어나면서 나를 음흉한 눈길로 바라보았다.

"돈 되는 일자리나 구하지 뭣 하러 이따위 실없는 짓을 하려는 거야?"

나는 큰 소리로 웃음을 터뜨렸다. 행복했다. 가슴이 따스해지며 기분이 좋았다. 머지않아 모든 일이 잘 될 거라는 생각마저 들었다.

윌리가 찬장 문을 열고 뮤직 박스를 꺼냈다.

"여기 있어. 팸에게 갖다 주슈. 내가 주는 생일 선물이라고."

나는 망설였다. 하지만 곧 뮤직 박스를 받아들었다. 선물을 거절한다는 게 이기적이라는 생각이 들었기 때문이다.

"고마워요."

"이제 집으로 돌아가슈. 밤새도록 떠들면서 서 있고 싶진 않으니까."

윌리가 퉁명스럽게 말했다.

밤길을 걸어 나는 집으로 돌아왔다. 집은 여전히 어두웠고 텅 비어 있었다. 하지만 침대맡의 탁자 위에 뮤직 박스를 올려놓고 노래를 틀자 외로움은 씻은 듯 사라져버렸다.

아름다운 꿈 깨어나서, 하늘의 별들을 바라보라…….

연민의 손을 내밀 때

얼마 전 어느 저명한 기업가의 추도식에 참석했다. 차분하게 가라앉은 애도 분위기 속에서 여러 지인들이 저마다 고인에 대한 존경심을 드러내고 있었다. 식이 끝나갈 무렵에 한 젊은이가 자리에서 일어났다. 앞서 말을 마친 사람들은 하나같이 말솜씨가 능숙했는데, 이 청년은 유독 쉽게 말을 이어가지 못했다. 청년이 입술을 달싹이는 동안 추도식장에는 깊은 침묵이 드리워졌다.

마침내 그는 주르르 눈물을 흘리면서 입을 열었다. 자신이 회사의 사환으로 있을 당시 대기업의 운영자였던 고인이 자신을 주목해주었던 얘기며, 용기를 북돋워주었던 일, 그리고 학비를 지원해주었던 일 등을 털어놓았다.

"오랫동안 저는 하잘것없는 사람으로 보였을 겁니다. 실패만을 거듭했습니다. 하지만 그분은 저를 결코 포기하지 않으셨고 제가 스스로 포기하도록 내버려두지도 않으셨습니다."

 그는 누구나 성공을 지원해주는 건 어렵지 않지만, 실패에도 불구하고 여전히 신의를 보여줄 수 있는 사람은 오직 그분이었다는 말을 이어 나갔다. 가장 좋은 친구를 잃었다고……. 끊어질 듯 이어지던 목소리가 멈추고 그가 자리에 앉았다. 추도식장의 사람들이 눈물을 훔쳤다. 그것은 고인의 죽음 때문이 아니라 자신의 속내를 솔직히 털어놓은 젊은이에 대한 안타까움 때문이었다.

 추도식이 끝날 무렵 나는 기이한 확신이 들었다. 어떤 식으로든 우리 인간은 더 나은 방향으로 변해가며, 개개인은 결코 똑같은 삶을 반복하지 않는다는 확신.

 함께 추도식에 참석했던 정신과 의사인 친구에게 이 얘기를 하자, 그는 깊이 생각에 잠겼다가 "그렇군." 하고 수긍을 했다.

 "놀라운 일이지 않나? 이게 바로 연민이 할 수 있는 일이지. 인간의 아픈 마음을 치유하는 최고의 방법이야. 세상을 바꿀 만큼."

 그렇다. 연민의 힘이 '고통' 그 자체를 의미하는 '세상'을 바꾸어왔다. 지난 한두 세기 동안 특히 그랬다. 연민의 힘은 노예제도를 폐지시켰고 어린이 노동을 종식시켰다. 플로렌스 나이팅게일을 크리미아 전쟁터로 향하게 했고, 알버트 슈바이처를 아프리카로 떠나도록 했던 연민의 힘은 소아마비 구제 모금운동을 활발히 전개시켜 난치병을 정복하게 만들었다. 이 힘이 아니었다면 사회보장도 국가의료보험도 동물학대 방지도 적십자도 존재하지 않았을 것이다. 그러나 가장 놀라운 것은 이 힘을 깊이 감지하는 사람들에게, 또한 그들을 위해 이 힘이 발휘된다는 사실이다.

　갑작스럽고 순간적으로 이것을 느끼는 사람들에게도 연민의 힘은 작용한다. 오래전 서로 다른 대학에 다니는 두 명의 대학생과 함께 봄방학 동안 스페인으로 여행을 떠난 적이 있었다. 우리는 말라가(Malaga, 포도와 포도주로 유명한 스페인 남부 도시)에 있는 한 펜션에 머물렀는데, 음울한 분위기가 낯설긴 했지만 아주 편안했다. 주인은 영어를 할 줄 알면서도 얘기를 나누려 하지 않았다. 키가 큰 안주인은 수심이 가득한 얼굴에 웃음기라곤 없었으며 늘 검은 옷을 입고 있었다. 거실에는 커다란 그랜드 피아노가 얌전히 놓여 있었다. 어린 스페인 하녀가 우리에게 알려준 바로는, 그 부인이 한때 콘서트를 열기도 했던 피아니스트인데 2년 전에 하나뿐인 아이가 세상을 떠난 뒤로는 피아노 앞에 앉지 않는다고 했다.

　다음 날 오후, 우리들 미국 청년 셋은 '보우데이거'라는 백포도주를 저장해놓은 지하 와인 창고로 초대를 받았다. 붙임성 있는 사장은 다양한 와인을 권했고 우리는 기꺼이 받아들였다. 덕분에 숙소로 돌아오는 내내 우리는 흥건히 취해 춤을 추며 노래를 불러댔다. 숙소로 돌아온 뒤에도 우리는 주위를 의식하지 않고 한껏 즐겼는데, 한 친구가 피아노 앞에 앉더니 먼지 낀 덮개를 벗겨내고는 되지도 않게 건반을 두드려대기 시작했다. 나와 또 한 친구는 목이 터지도록 노래를 부르며 흥을 돋우었다.

그때였다. 하녀가 기겁을 하며 달려왔다. 동시에 펜션 주인은 그녀의 뒤에서 잔뜩 화가 난 표정으로 밖으로 나가라고 손짓하며 고함을 질러댔다.

"안 돼, 니들이 뭔데 그걸 쳐!"

그 순간 다른 쪽 문이 열리면서 우리를 응시하는 부인의 검고 슬픈 눈이 나타났다. 피아노 소리가 멈추었다. 우리는 너무 놀라고 당황해서 얼어붙었다. 하지만 놀랍게도 그녀의 눈빛은 우리를 무척이나 측은하게 여기는 듯했다. 입가에 미소를 띤 그녀의 얼굴은 너무도 따뜻하고 아름다웠다. 그녀는 피아노 앞으로 걸어오더니 친구를 옆으로 비키게 하고는 의자에 앉았다. 그리고 연주를 하기 시작했다.

두 손으로 얼굴을 감싸던 어린 하녀의 모습이 떠오른다. 곧 눈물을 터뜨릴 것만 같았던 그녀의 남편도 기억이 난다.

그녀의 피아노 소리는 장엄하게 솟아올라 어둡게 덮여 있던 슬픔의 그림자를 걷어내며 온 집 안을 가득 채웠다. 그때 나는 그녀의 영혼이 비로소 자유로워졌다는 느낌이 들었다. 우리를 불쌍히 여기는 그 순간에 따스한 연민의 기운이 그녀의 얼어붙은 가슴을 녹여냈던 것이다.

주위를 둘러보면 크고 작은 모든 상황에서 이런 치유의 힘이 발휘되고 있다. 아이 둘을 데리고 조지아 주 북부로 등산을 갔던 지난여름도 그랬다. 우리는 암벽 가까이에 있는 조그마한 오두막으로 들어갔다. 나무 울타리 뒤편에 있던 정원에서 백발의 여인이 밭일을 하고 있었다. 그녀가 가꾸고 있는 꽃들을 보며 우리가 감탄을 터뜨리자, 그녀는 혼자 살면서 그 모든 것을 자신의 힘으로 키웠노라고 말했다. 도시에서만 자란 아이들은 깜짝 놀라서 물었다.

"외로워서 어떻게 지내셨어요?"

"만약에 외롭다는 생각이 들 때가 여름이면, 꽃 한 다발을 꺾어서 집 안으로 갖고 들어온단다. 그리고 외롭다는 생각이 들 때가 겨울이면, 곧바로 밖으로 나가 새들에게 모이를 주는 거야."

연민, 그것은 외로움을 치유하기 위해 그녀가 만들어낸 해독제였다. 그것이 그녀에게 외로움에 대한 면역성을 키워주었다.

타인의 슬픔과 고통을 함께 나누려는 마음은 어디서 생겨나는 것일까? 언젠가 노성직자에게 '착한 사마리아인 이야기'에 대해 물어보았다. 동정심과 관련된 가장 유명한 일화인 그 이야기 속의 사마리아인이 어떻게 그런 식으로 행동할 수 있었는지를 알고 싶었다. 길 위에 쓰러져 있는 여리고인을 본 여행자들이 모두 인상을 쓰며 그를 피해 길을 돌아갔는데 어째서 유독 그만이 책임의식을 느낀 것인지, 무엇이 그의 감성을 일깨웠는지 알고 싶었다.

노성직자가 말했다.

"제가 생각하기엔 그를 그렇게 만든 것은 세 가지였습니다. 그 세 가지는 사실 우리 모두에게 잠재되어 있지만, 더욱 열심히 노력할 때에만 발현되지요. 그 처음은 공감하는 겁니다. 상상력을 통해 타인의 상황을 자신의 의식에 투영시키는 거죠. 강도를 당해 길에 쓰러져 있는 사람을 보았을 때 사마리아인은 그에게 일어난 일을 비록 눈으로 보지는 못했지만, 자신을 그와 동일시함으로써 그의 일부분이 되었습니다. 이 일체감은 너무도 강력해서 사마리아인이 그 사람을 도우러 달려간 그 순간 이미 다친 그 사람은 사마리아인으로부터 도움을 받고 있는 것이나 다를 바 없었지요.

둘째는 그 사마리아인이 용기 있는 사람이었다는 사실입니다. 다친 사람을 보살펴주려는 마음을 행동으로 옮기는 데는 용기가 필요하지요. 다친 사람을 외면한 채 길을 돌아간 사람들은 뭔가 두려웠기 때문입니다. 낯선 사람이 두렵고, 도전하는 것이 두렵고, 사건에 연루될까 두렵고, 강도가 다시 돌아오지 않을까 두려웠던 거죠. 사마리아인은 그런 두려움을 걷어낼 용기를 지닌 사람이었던 겁니다.

셋째는 그가 남을 도와주는 데 익숙한 사람이었다는 사실입니다. 당시로선 사마리아 사람이 여리고 땅에서 여리고인을 도와준다는 건 있을 수 없는 일이었죠. 하지만 그는 도와주었습니다. 왜냐하면 그 사람은 워낙 그런 사람이었으니까요. 갑작스럽게 그렇게 변한 것이 아닙니다. 오랫동안 그는 도움이 필요한 사람들에게 당연히 도움의 손을 내밀도록 스스로를 훈련시켜왔던 겁니다. 어떻게 그럴 수 있냐고요? 누구든지 그와 똑같이 할 수 있습니다. 그것은 작은 노력을 끊임없이 반복하면서 쌓여가는 것이지, 대단한 자기억제력이나 영웅적인 희생정신으로 되는 게 아닙니다. 일상 속에서 최선을 다해야 합니다. 곤란을

겪고 있는 사람에게 손을 내미는 것, 당신이 할 수 있는 도움이란 바로 그런 겁니다. 시민으로서의 의무를 정당하게 지는 것 역시 당신이 할 수 있는 일이죠. 이런 것들은 한꺼번에 생기지 않습니다. 하지만 어느 날 문득 당신이 주위를 둘러보았을 때 믿을 수 없을 정도로 자신의 등급이 높아져 있음을 발견하게 될 겁니다. 전혀 의식하지 못한 사이에 홀로 우뚝, 마치 거대한 왕관을 쓴 존재처럼, 당신은 착한 사마리아인이 되어 있는 거죠."

공감, 용기, 도움의 습관화. 노성직자의 말은 옳을 것이다. 우리가 연민이라고 부르는 그 깊은 부드러움 속에는 그 외에도 많은 것들이 숨어 있을 것이다. 그것이 무엇이든 우리는 자기 안에서 그것들을 찾아야 하며, 타인에게 용기를 심어주어야 한다. 이 잔잔한 힘이 없다면 내일 우리에게 희망이 없을 것이기 때문이다.

2

지혜를 나누는 순간
인생을 바꾸는 섬광 같은 찰나가 있다

내가 학교 교육을 좀 더 받았다는 것은 행운이었다. 나는 내로라하는 미국의 대학에서 4년을, 영국의 저명한 대학에서 2년을 공부했다. 하지만 그 기회를 적절하게 이용하지는 못했다. 좋아하는 과목은 주저 없이 선택했지만 그렇지 않은 과목은, 특히 조금이라도 수학 냄새가 나는 건 무조건 피했다. 장래를 위해 필요한 과목 따위는 내 선택 기준에 없었던 것이다.

그럭저럭 졸업할 수 있을 만큼은 성적을 받았지만 엄청난 시간을(나만 그랬던 것 같은데) 게임을 하며 보냈고, 영화를 보러 다녔으며, 온갖 일들(용돈을 거의 내가 벌어야 했다)을 했다. 노가 여덟 개나 붙어 있는 배를 저으며 강가를 샅샅이 훑으며 돌아다니기도 했다.

되돌아보면 보통 이상의 교육을 받던 그 6년 동안 얼마간의 지식들이 쌓인 것 같기는 하다. 하지만 그다지 지혜로워지지는 못했다. 지혜란 대학이라는 상아탑에서 쉽게 쌓이는 것이 아니었다.

미래에 대한 전망이나 나 자신의 가치 혹은 삶의 목표 같은 것은 바뀌지 않았다. 사실 이런 기본적인 것들은 교과서가 아니라 우연한 기회에 마주치는 무언가로부터 얻어지는 법이다.

이런 기회는 누구에게나 가끔씩 번쩍하는 섬광을 일으키며 찾아오기 마련이다. 보통 사람들은 나이가 들어가면서 더 현명해지고, 경험이 풍부해지며, 내면이나 세계관을 타인과 기꺼이 나누게 될 것이다.

그런데 이런 일에 꼭 학문적인 배경이 필요한 것은 아니다. 설사 그가 학생들을 가르치는 교사라 해도 마찬가지일 것이다. 그런 것은 이론이나 논리로 설명할 수 있는 게 아니라는 말이다. 그냥 번쩍하는 섬광이 일어날 뿐이다. 아이의 해맑은 미소를 보는 순간, 저녁을 준비하는 아내의 콧노래를 듣는 순간처럼 일상의 작은 순간들에서 알 수 없는 느낌으로 다가오는 것이다.

나에게도 역시 섬광은 일었고, 그것은 나를 바꾸어놓았다. 인생을 바꿔놓은 몇 개의 섬광은 지금도 내 기억 속에 남아 있다. 이제 그 섬광 같은 순간에 대해 이야기하려 한다.

마술을 가르쳐준 이방인

❧

7월의 그 아침은 여느 날과 다름없었다. 조지아의 뜨겁고 강렬한 햇볕이 내리기 전의 젖빛 햇살이 비치던 조용한 아침이었다. 나는 열세 살이었다. 냉담한 성격 탓에 외톨이로 지내던, 햇볕에 그을린 더벅머리 소년이었다. 겨울에는 다른 아이들과 마찬가지로 구두를 신고 학교로 가야 했지만 여름에는 바닷가에서 살다시피 했다. 그래서 여름이면 나는 마음을 비우고 자연으로 돌아가 한껏 자유로움을 누릴 수 있었다.

그 특별한 아침에 나는 노를 저으며 마을을 벗어나서 상류의 오래된 선착장 계주繫柱에 배를 매어두었다. 가끔씩 나타나는 줄무늬 도미를 찾느라고 선착장 주변의 잔잔한 초록빛 물속을 유심히 들여다보며 몸을 쭈그린 채 바위처럼 앉아 있는데, 느닷없이 뒤쪽에서 소리가 들려왔다.

"그대는 낚싯바늘도 없이 고래를 잡으려 드는고? 아니면 그대가 드리워놓은 줄 끝에 달려 있는 혀로 고래를 유혹하려는 것인고?"

깜짝 놀라서 고개를 돌려 올려다보니 창백하고 홀쭉한 얼굴에 세상에 또 있을까 싶도록 눈빛이 형형한 사람이 서 있었다. 그 모습이 왠지 낯설지가 않았다. 아마도 그 사람에게서 뿜어져 나오는 분위기 때문인 것 같았다. 지금 생각해보면 그 분위기가 또렷하게 기억나지는 않지만 온화함과 유머, 장난스러움과 조심성이 뒤섞여 있었다. 게다가 강렬한 그 무엇, 비극적인 상황을 조롱하는 듯한 뭔가도 느껴졌던 것 같다. 이 어렴풋한 기억들 가운데서 한 가지 분명한 것은 그가 노인이었다는 사실이다.

그는 어리둥절한 표정을 짓고 있던 나를 바라보며 말했다.

"미안하구나. 마치 성경의 욥기에 나오는 아침 같지? 음산하고 우울한 느낌 말이야. 그걸 어떻게 잡는지 나한테 가르쳐줄 수 있겠니?"

그는 고개를 까닥까닥하며 배에 올려놓은 두세 마리의 고기를 바라보았다. 여느 때 같았으면 낯모르는 사람을 가까이하지 않았겠지만, 낚시에 관심을 보이는 사람이라 개의치 않았다. 내가 고개를 끄덕이자 그가 배 안으로 내려왔다.

"인사를 나눠야겠지. 그래야 다음에 만나도 모른 척하지 않을 테니까. 자, 넌 기꺼이 날 가르쳐주려는 소년이고, 난 기꺼이 배우려는 선생님. 이 정도면 충분하겠군. 그러면 지금부터 난 널 소년이라고 부르고, 넌 날 선생님이라고 부르면 되는 거지."

그런 식의 말은 우리 바닷가 마을에선 들어본 적이 없었다. 그에게는 사람을 끄는 뭔가가 있었다. 그의 미소는 경계심을 풀어버리도록 하는 재주가 있었다.

나는 그에게 낚싯대 없이 낚싯줄만을 주고는 낚싯바늘에다 미끼로 쓸 농게를 끼우는 시범을 보여주었다. 그는 번번이 고기는 잡지 못한 채 미끼만 빼앗길 뿐이었다. 줄무늬 도미가 미끼를 빼먹어도 눈치를 채지 못했다. 그런데도 전혀 불만스런 얼굴이 아니었다. 그는 선착장 뒤편에 있는 비바람에 삭은 방갈로 하나를 빌려 쓰고 있다고 했다.

"잠시 동안 숨어 있어야 하거든. 뭐, 경찰 같은 건 아니고, 그냥 친구들과 친척들한테서 숨으려는 거지. 그러니 우리가 만났다는 걸 누구한테도 얘기하지 말거라. 그럴 거지?"

나는 그가 어디서 왔는지 궁금했다. 그의 또박또박한 말씨는 지금까지 내가 들어온 말들과는 아주 달랐다. 그래도 나는 물어보지 않았다. 무슨 과목을 가르치는 선생님인지만 물어보았다.

"학교 편람에는 영어를 가르친다고 기록되어 있지. 실은 마술을 가르치고 있단다. 말의 신비, 말의 요술. 그런 거 좋아하니?"

나는 그런 것에 대해 생각해본 적이 없다고 말했다. 그리고 썰물이 빠져나가고 있으며, 물살이 더 세지면 더 이상 낚시를 하기가 힘들어질 거라고 말했다. 아침 식사를 할 때가 되었다는 말도 덧붙였다.

"벌써 그렇게 되었구나. 요즘은 그런 걸 잘 잊어버린단다."

그는 힘이 드는지 선착장으로 올라가면서 인상을 찡그렸다.

"나중에 또 올 거니?"

썰물이 완전히 빠져나갈 때쯤 어쩌면 새우를 잡으러 올지도 모르겠다고 내가 말했다.

"그럼 나한테 들르거라. 그때 오면 말에 대해 얘기를 해보자. 그리고 새우 잡는 법도 좀 가르쳐주고."

나는 다시 그곳으로 갔고 우리는 정말 이상한 친구 관계를 맺게 되었다. 지금 와 생각하면 우리가 어떻게 친구가 될 수 있었는지 모르겠다. 어쩌면 내가 처음으로 균형 잡힌 어른을 만났기 때문이 아닌가 싶다. 그는 언어와 철학 분야의 교사임에 틀림없었다. 바람과 조수, 바다생물들과 함께 살고 있던 내 조그마한 우주 속에서라면 나 또한 교사였을까.

그날 이후로 거의 매일 우리는 바다의 신이 부르는 곳이라면 어디든, 혹은 내 변덕스런 마음이 가라고 하는 곳이면 어디로든 달려갔다. 때로는 식용거북이 바다 기슭을 따라 빠르게 헤엄을 치고 커다란 푸른빛 왜가리가 조각상처럼 서 있는 은빛 연안으로 올라가기도 했고, 밤이면 커다란 바다거북이 어슬렁거리며 기어 다니고 낮이면 야생 염소들이 풀을 뜯는 바닷가 모래언덕을 따라 걸으며 바다귀리로 우아한 장식을 만들곤 했다. 그에게 숭어가 소용돌이를 이루는 곳과 넙치가 교묘한 위장술로 엎드려 있는 곳을 보여주기도 했다.

얼마쯤 지나자 나는 그가 힘을 쓰는 데는 젬병이라는 사실을 알게 되었다. 겨우 닻을 한 번 끌어올리기만 해도 그는 완전히 지쳐버렸다. 하지만 그는 불평 같은 건 결코 하지 않았다. 그의 입에서는 강물처럼 끊이지 않고 얘기가 흘러나왔다.

그중에 많은 것들을 잊어버렸지만 어떤 것은 바로 어제 일어난 일처럼 또렷하게 생각난다. 마치 진홍빛으로 물드는 석양을 바라보며 모래언덕의 움푹 패어 들어간 곳에 그와 나란히 앉아 있는 듯한 느낌이 든다.

"말이란 말이야."

그가 잠시 쉬다 입을 뗐다.

"단지 종이 위에 찍힌 조그마한 검정색 표시들에 불과해. 텅 빈 공간 속으로 흘러드는 소리일 뿐이기도 하고. 하지만 그들이 지니고 있는 강력한 생각의 힘은 정말 대단하지! 그들은 널 웃게도 하고 울게도 한단다. 사랑하도록 만들기도 하고 미워하게도 만들며, 싸우게도 하고 도망치게도 하지. 그들은 아프게도 하지만 아픔을 치유해주기도 해. 심지어 그들은 자기들이 의미하는 것과 똑같은 형상을 만들어내기도 하고, 그 모양과 똑같은 소리를 만들어내기도 해. 분노는 책장 위에 화난 형상으로 나타나고, 추한 것을 말하면 추한 몰골이 그 책장 위에 나타나는 거야. 이걸 한번 봐!"

그는 나한테 조개껍데기 하나를 건네주었다.

"그것이 의미하는 것과 똑같은 형상과 소리를 한 단어로 모래 위에다 적어보렴."

나는 멍하니 모래를 내려다보고 있을 수밖에 없었다.

"이런! 넌 참 바보구나. 너무도 많은 것들이 있다니까! 속삭임, 무기력, 여명, 노래⋯⋯. 오늘 밤 잠자리에 들면 그 조개껍데기가 의미하는 단어 다섯 가지를 생각해보거라. 그리고 그들이 의미하는 것과 똑같은 소리 다섯 개도 역시 생각해보렴. 될 때까진 잠들면 안 돼!"

나는 그의 말대로 해보려고 애썼지만 아무것도 생각해내지 못한 채

번번이 잠에 빠져들고 말았다.

우리는 해변에서 멀리 떨어진 바다로 나가 닻을 내려놓고는 바다농어를 잡기 위해 파도 속으로 낚싯줄을 던지기도 했다. 바닥이 낮은 우리의 조그마한 배는 파도에 넘실거릴 때마다 마치 사냥개처럼 조금씩 전진하는 것 같았다. 그 모양을 보고는 그가 말했다.

"리듬! 인생이란 리듬으로 충만해 있지. 말들 역시 그래. 하지만 너의 귀를 훈련시키지 않으면 안 돼. 고요한 밤에 파도소리를 들어보렴. 그럼 운율이란 걸 발견하게 될 거야. 바람이 마른 모래 위에 새겨놓는 무늬를 지켜봐. 그러면 넌 한 문장 속의 음절들이 어떻게 오르내리는지를 알아차릴 수 있을걸. 내 말이 무슨 뜻인지 알겠니?"

나는 알지 못했다. 그렇지만 뭔가가 나의 내면 깊은 곳에 자리하고 있는 듯하다는 느낌은 들었다. 간혹 내 귀에 그 소리가 들리기도 했다.

가끔씩 그가 준 책을 읽을 때에도 나는 그 소리를 들을 수 있었다. 키플링과 코난 도일, 그리고 테니슨의 『왕의 목가』 같은 것들. 그는 가끔 읽기를 멈추고는 마음에 드는 구절을 반복해서 읽어주곤 했다. 어느 날 그는 영국 작가 맬러리 경의 『아서 왕의 죽음』에서 마음에 드는 한 구절을 찾아냈다.

"그러고는 그 위대한 말이 사납게 숨을 몰아쉬었다."

그는 내게 눈을 감으라고 말했다. 그리곤 천천히 큰 소리로 따라 읽으라고 했다. 나는 그렇게 했다.

"그것이 너한테 어떤 느낌을 주느냐?"

"그건 제게 무서움을 줍니다."

내가 솔직하게 말하자 그는 기뻐했다.

그가 가르쳐준 마술은 말에 대한 것만이 아니었다. 그는 내가 그동안 당연하다고 여겨왔던 것들이 어떻게 내 안에서 흥미로운 변화를 일으킬 수 있는지를 가르쳐주었다. 그는 한 줄로 길게 늘어서 있는 구름을 가리켰다.

"저게 무엇으로 보이느냐? 색깔로? 그것만으론 부족해. 저기서 탑과 움직이는 다리를 찾아보렴. 용과 그리핀(그리스 신화에 나오는, 머리와 앞발과 날개는 독수리이고 몸통과 뒷발은 사자의 형상을 한 동물-옮긴이)도 찾아봐. 그리고 괴상하고 놀라운 동물들을 한번 상상해보거라."

간혹 그는 화가 나서 집게발을 휘둘러대는 푸른 게를, 내가 가르쳐준 대로 몸통 뒤를 조심스럽게 잡아 집어 올리면서 한마디 하기도 했다.

"네가 이 게라고 생각해봐. 별처럼 생긴 눈으로 넌 뭘 보고 있니? 넌 각각의 다리로 무얼 느끼지? 너의 조그만 뇌는 무얼 생각하고 있어? 이 질문들에 대해 단 5초 만에 답을 해봐. 네가 사람이란 걸 잊어버린 채 게가 되는 거야!"

나는 놀라움에 휩싸여서 화가 잔뜩 난, 옆으로 걷는 것이 더 편한 짐승을 노려보았다. 그러면 내 머릿속에서 생각들이 요동을 쳤다.

그런 날들이 빠르게 지나갔다. 언젠가부터 우리들의 소풍 횟수가 줄어들기 시작했다. 그는 조금만 움직여도 피곤해했다. 그는 의자 두 개와 몇 권의 책을 들고 선착장으로 나왔지만, 전만큼 많이 읽어주지는 못했다. 그는 내가 낚시하는 모습이나 갈매기들이 하늘을 빙빙 도는 모습, 혹은 지나간 시간들을 휘저으며 느릿하게 흐르고 있는 강물을 지켜보는 것에 만족하는 듯했다.

그러던 어느 날 부모님이 내게 2주 동안 캠프를 가야 한다고 말씀하셨다. 내 인생에 갑자기 검은 그림자가 드리워졌다. 그날 오후 선착장으로 간 나는 친구에게 캠프에서 돌아올 때까지 떠나지 않을 거냐고 물었다.

"그렇게 하마."

그는 다정하게 말했다. 하지만 그는 약속을 지키지 못했다. 나는 굳게 닫힌 방갈로를 노려보면서 햇볕에 데워진 선착장 나무 바닥 위에 한동안 서 있어야 했다. 모든 것이 끝났고 모든 것이 사라져버렸다는 상실감에 빠졌던 것일까. 그러고는 마을에서 일어난 모든 소식을 들을 수 있는 잭슨의 식료품 가게로 달려갔다. 나는 잭슨 부인에게 선생이 어디로 떠났는지를 물었다.

"그분은 아팠단다. 몹시 아팠지. 의사가 그분 친척들에게 전화를 하자마자 북부에서 사람들이 와서 데려갔단다. 가시면서 그 분이 누군가에게 전해주라면서 뭘 남겨놓았는데, 네가 그 주인인 게로구나."

잭슨 부인은 내게 책 한 권을 건네주었다. 그것은 『불꽃과 그림자』라는 제목의 그리 두껍지 않은 시집이었다. 저자는 사라 티즈데일이라는 들어본 적이 없는 시인이었다. 시집을 뒤적이다가 아래쪽 귀퉁이에 연필로 별이 하나 그려져 있는 페이지를 발견했다. 나는 지금도 그 책을 갖고 있다. 그 페이지에는 「모래언덕에서」라는 시가 있다.

죽음이 끝나 다시 살아난다면
이 황갈색 해변은 나를 기억할 거야
수많은 색을 가진 바다,
변함없는 그 변화의 바다로
나 돌아온다면
보잘것없는 인생이었다고 경멸했던
날 용서해다오
그러면 나는 불꽃처럼 일어서리라
죽음의 거대한 고요 속에서,
네가 나를 원한다고,
바다로 난 모래언덕에 서서
내 이름을 불러다오.

나는 그렇게 하지 못했다. 모래언덕에 서 있지도, 그의 이름을 부르지도 못했다. 그렇게 간단한 것을 알지 못했다. 나는 너무 수줍은 인간이었다.

오랫동안 그를 잊고 지냈다. 하지만 가끔씩 책을 읽다 어떤 문장 속에서 신비로운 음악소리가 들려와 살갗에 소름이 돋을 때면, 혹은 성난 푸른 게를 집어 올릴 때면, 어쩌다 하늘의 구름들 속에서 한 마리 용을 볼 때면, 그의 얼굴이 아련히 떠오르곤 했다.

실패의 저편

 이 세계를 어떤 모양으로든 개조할 수 있으리라고 확신하던 나이에 나는 뉴욕의 한 잡지사에 별 볼일 없는 일자리를 얻어 고향 조지아를 떠났다. 작가가 될 생각이었던 나는 글쓰기에 요구되는 그 무언가를 확실히 배울 수 있을 거라고 머릿속에 그리고 있었다. 훗날 직장을 그만둘 무렵이면 값진 원고들을 쏟아내기 시작할 것이고, 지중해의 리비에라 해변에 잠깐씩 머물면서 노엘 코어드와 서머싯 몸과 사귀며 즐겁게 담소를 나눌 것이다.
 그러나 일은 생각대로 되어가지 않았다. 밤을 꼬박 새고 주말을 다 바쳐 쓴 원고들은 언제나 실망스런 모습으로 퇴짜를 맞은 채 돌아왔다. 한 해 동안 끊임없는 실패가 계속되었을 뿐이다.
 작가가 되려는 쓸데없는 생각을 던져버린다면 적어도 잡지사 일만큼은 제대로 해낼 수 있을 거라고, 몇 번이나 다짐했는지 모른다. 하지만 나는 시간을 절약하기 위해 매일 정오면 햄버거를 사들고 센트럴파크의 벤치에 앉아 여전히 '위대한 꿈'들을 꾸고 있었다.

어느 날 햄버거를 우적우적 씹고 있을 때였다. 불현듯 잡지사 사장이 잡지에 실린 좋은 기사들을 왜 스페인어로 번역하지 않는지, 왜 고급 잡지와 제휴를 하지 않는지, 그리고 라틴아메리카에 팔 수 있는 유능한 영업사원(나 같은 사람)을 왜 고용하지 않는지 의문이 들었다. 그 환상적인 비전 때문에 나는 그만 괴성을 지르고 말았다. 내 입에선 빵부스러기가 흩어져 나왔고 비둘기들이 깜짝 놀라 달아났다. 나는 비좁은 사무실로 급하게 돌아왔다.

물론 관세나 환율 등 여러 가지 문제들이 있을 터였다. 나는 기발한 생각을 사장에게 전하기에 앞서 가능한 정보들을 수집해야겠다고 결심했다. 그래서 동료에게 혹시 라틴아메리카에 정통한 권위자를 알고 있는지 물었다.

"라틴아메리카?"

그는 고개를 갸우뚱하더니 대답했다.

"내 생각엔 IBM의 T. J. 왓슨만큼 라틴아메리카에 대해 많이 아는 사람도 없을 것 같은데. 그 회사가 요즘 그쪽에다 엄청난 사업을 벌이고 있잖아."

"IBM? 그게 뭐지?"

나는 그게 WPA(공공사업촉진국)처럼 당시 한창 잘나가던 연방 사업국 가운데 하나일 거라고 짐작했다. 그는 한심하다는 듯 쏘아붙였다.

"세계적인 컴퓨터 제조 회사도 모르다니, 당장 조지아로 돌아가는 게 어때?"

그랬다. 나는 IBM도 T. J. 왓슨도 들어본 적이 없었다. 하지만 확실한 것은 먹어야 산다는 것, 주위를 잘 살펴보면 햄버거 두 개 정도는 얻어먹을 수 있다는 것, 공원 안 동물원의 카페테리아에서도 잘만 하면 역시 햄버거를 덤으로 얻어낼 수 있다는 것 등이었다.

나는 IBM에 전화를 걸었다. 그리고 왓슨 씨와 통화를 하고 싶다고 했다. 비서의 목소리가 들려오자 나는 쾌활한 목소리로, 왓슨 씨에게 점심을 대접하면서 그의 '머리'에서 라틴아메리카에 대한 지식을 '뽑아내고 싶다'고 말했다. 그가 라틴아메리카에 대해선 최고 권위자라는 얘기를 들었다는 설명도 빼놓지 않았다. 금요일이 좋겠다고(그날이 내 월급날이었다), 우리는 센트럴파크에서 햄버거를 먹을 거라고도 했다. 일일이 메뉴를 열거하고 싶은 마음은 없었다. 내가 왓슨 씨의 사무실로 갈 수도 있겠지만 그냥 동물원에서 만나는 것도 괜찮겠다고 말하자, 비서의 날이 선 목소리가 들려왔다.

"동물원이라고요?"

"센트럴파크 동물원의 카페테리아는 괜찮은 곳이죠. 지금 물어봐주시겠어요?"

나는 곧바로 대꾸했다.

비서의 목소리가 잠시 사라졌다가 곧 돌아왔다. 왓슨 씨가 나를 기꺼이 만나겠다는 거였다. 다만 내가 그쪽으로 와서 점심을 먹는 게 어떠

냐고 했다. 내 지갑을 가볍게 해줄 테니 그건 아주 쓸 만한 제안이었다.

57번가의 IBM 빌딩 안으로 걸어 들어간 나는 엘리베이터 앞에 서서 버튼을 눌러주는 사람에게 T. J. 왓슨이란 사람 사무실이 몇 층이냐고 물었다. 버튼맨은 나를 한참 째려보더니 대답해주었다. 그가 알려준 층에서 내리자 이번엔 웬 직원이 나타나 비서를 호출했고, 비서가 나를 대기실로 데려갔다. 대기실에선 다른 비서가 오더니 나를 또 다른 대기실로 데리고 갔다. 옮겨갈 때마다 벽의 빛깔은 더 고급스러워지면서 윤기가 흘렀고 카펫은 더 푹신했으며 정적도 더 깊어져갔다. 갑자기 내가 엄청난 실수를 저지르고 있다는 생각이 들면서 소름이 끼쳤다.

마지막으로 나타난 비서는 남자였다. 그가 상냥하게 말했다.

"회장님께서 지금 선생을 마중하러 나오실 겁니다."

"회장님이라고요?"

내 입에서 괴상한 목소리가 터져 나왔다. 하지만 그때는 이미 육중한 문이 활짝 젖혀지며 뉴욕의 그랜드 센트럴 기차역만큼이나 너른 사무실이 드러났다. 그 아득히 멀고 엄청나게 크고 번쩍이는 책상 뒤편에 키가 훌쩍한 은발의 신사가 앉아 있었다. 그가 바로 미국에서 가장 막강한 기업가 중 한 사람인 토머스 J. 왓슨 1세였다. 그의 책상 위에 놓인 명패에는 조그마하고 깔끔하게 'THINK'라는 글씨가 새겨져 있었다. 나는 '생각하고' 있었다. 그때 내가 '생각한' 것은 조지아에 그냥 살걸 하는 것이었다.

그는 외교관이 방문하기라도 한 듯 무척이나 정중하게 자리에서 일어났다.

"어서 오시오, 젊은이. 자네가 이곳으로 와준다고 해서 얼마나 기분이 좋던지. 이제 여기 앉아서 내가 자네한테 뭘 해줄 수 있는지 말씀해보시게나."

나는 무아지경에 빠진 듯 앞으로 걸어가 그가 권하는 자리에 앉았다. 그런데 아무 말도 할 수가 없었다. 그는 손을 저었다.

"이곳 분위기 따위엔 신경 쓰지 말게나. 내가 자네 나이였을 땐 말이야, 저기 뉴욕의 북쪽 페인티드 포스트 마을의 가게에서 피아노와 오르간을 팔고 있었다네. 장소가 바뀌었다고 사람이 바뀔 수는 없잖나. 이제 얘길 해보게. 라틴아메리카에 대해서 뭘 알고 싶은 건가?"

내 목소리는 겨우 목구멍에서 기어 나오기 시작했고, 나는 계획을 털어놓았다. 그는 내 얘기에 주의 깊게 귀를 기울였다. 그 계획에서 어떤 어려움이 예상되는지를 듣고 싶다고 말하자 그가 고개를 끄덕였다.

"아주 나쁜 생각은 아니구먼. 점심을 먹고 나서 자네한테 적임자를 소개해주겠네."

그가 버튼을 누르자 키가 작은 남자가 공책을 들고 나타났다. 공책 표지에는 명패와 마찬가지로 'THINK'라는 말이 황금색으로 인쇄되어 있었다.

왓슨 씨는 내가 만나봐야 할 사람의 이름을 꼽다가 문득 생각났다는 듯 덧붙였다.

"그리고 말이야. 이 젊은이한테 라틴아메리카에서 발행되는 잡지를 모두 보여드리게."

그러자 곧바로 내 앞에 잡지들이 잔뜩 도착했다.

왓슨 씨가 말했다.

"자, 그럼. 어떤 걸 먹을까? 난 정말 동물원에서 자네를 만나고 싶었다네. 동물원에서 점심을 먹자는 사람은 여태까지 없었거든. 하지만 우린 늘 여기 응접실에서 점심을 먹었고, 시간을 절약하는 습관을 깨긴 힘들었다네."

나는 훌륭한 점심을 대접받았다. 점심을 먹는 동안 그는 내게 IBM이라는 방대한 조직과 직원들의 복지에 대한 자신의 생각을 들려주었다. 좌우명을 조그만 액자로 만들어서 사무실과 공장 벽에 걸어놓기를 좋아한다는 얘기도 해주었다. 사람들은 금세 그 글귀들을 의식하지 못하게 되지만, 무의식에는 남아 있어서 어떻게든 영향을 받는다는 말이었다. "THINK"는 그가 가장 좋아하는 좌우명 가운데 하나라고 했다. "AIM HIGH(목표를 원대하게)" 역시 그가 좋아하는 좌우명이었다.

"자네의 목표도 아주 높구먼. 자넨 내 '머리'에서 뭔가를 '뽑아내고 싶다'고 말했다지. 난 그런 걸 좋아해. 그래서 자네의 제안을 받아들였다네."

그가 짓궂게 말했다. 빌딩 안으로 들어설 때까진 그가 누구인지를 알지 못했다는 사실을 솔직히 고백하자 그는 웃음을 터뜨렸다.

"내 자존심에 일격을 가하는구먼. 하지만 아주 멋졌어."

그는 뭔가를 골똘히 생각하는 눈빛으로 나를 응시했다.

"연봉은 얼마나 받고 있나?"

복잡할 게 없는 액수였으므로 나는 바로 대답했다. 그는 미소를 지었다.

"자네가 만약 우리 IBM 식구가 되고 싶다면, 지금 받고 있는 것보다는 조금 더 생각해줄 수가 있다네."

"감사합니다, 회장님. 하지만 전 기계를 별로 좋아하지 않습니다. 제가 진정으로 되고 싶은 건……."

나는 거기서 입을 다물어버렸다. 나는 그때 막 작가가 되려는 생각을 접기로 결심한 상태였다. 하지만 이 사람이라면 어떤 식으로든 나를 제대로 봐줄 수 있을 거라는 느낌이 들었다. 그래서 나는 글쓰기에 거듭 실패해온, 끊임없이 원고들이 되돌아온 지난 몇 년의 세월에 대해 털어놓고 말았다.

그는 의자에 깊숙이 등을 대고는 말했다.

"내 전공은 아니지만 말이야, 작가로 성공할 수 있는 공식 하나를 얘기해주고 싶구먼."

그는 잠깐 주저하는 듯하더니 이렇게 말했다.

"정말 간단하다네. 실패를 두 배로 늘리게!"

나는 그를 노려보았다. 그것도 그의 좌우명일까?

"자넨 남들이 흔하게 저지르는 실수를 하고 있는 거라네. 실패를 성공의 적이라고 생각하겠지만 결코 그렇지 않아. 실패는 한 사람의 선생이야. 지독하지만 최고의 선생이지. 자네 책상에 거절당한 원고들이 수북이 쌓여 있다고 했지? 그건 위대한 일이야! 그 원고들 하나하나는 단 한 가지 이유 때문에 거절되었을 거야. 자넨 그 이유를 찾아보려고 한 적이 있었나? 그건 어떤 생각이 뒤틀리거나 영업 정책이 실패로 돌아갔을 때 내가 쓰는 방법이기도 하지. 실패를 내버려두지 말고, 활용하라!"

그는 단호하게 말했다. 그는 냅킨을 접어서 접시 옆에다 놓고는 말을 이었다.

"실패 탓에 좌절해버릴 수도 있지만 배울 수도 있는 거라네. 그러니 그냥 그렇게 밀고 나가게. 계속 실수를 하란 말이지. 자네가 할 수 있는 모든 실수를 하라고. 왜냐하면 자네는 바로 그 지점에서 성공을 발견하게 될 테니까. 잊지 말게나, 실패의 저편을."

나는 그의 충고를 잊지 않으려고 애썼다. 하지만 내 책상은 여전히 팔리지 않는 원고들로 넘쳐났다. 게다가 내가 라틴아메리카 잡지에 대한 원대한 계획을 말하자, 사장은 호되게 나를 몰아세웠다.

"우리한테 이따위 미친 계획에 집어넣을 돈이 있다고 생각하나? 제발 날 좀 괴롭히지 마."

(사실 그건 그다지 나쁜 계획이 아니었다. 한두 해 뒤 『리더스 다이제스트』는 스페인어와 포르투갈어 판을 발행하기 시작했고, 그것은 오늘날 라틴아메리카에서 가장 널리 팔리는 잡지가 되었다.)

하지만 그건 중요하지 않았다. 중요한 건 내 안의 기본적인 태도가 변했다는 사실이었다. 생각이 바뀌자 되돌아온 수많은 원고들을 더 이상 부끄러워할 이유가 없었다. 그들은 하나의 사다리에 걸쳐진 각각의 가로장들이었다. 지혜롭고 인내심 강한 사람이 내게 아이디어를 주었다. 그것은 단순했지만 강력했다.

만약 당신이 실패를 통해 무엇인가를 배울 수가 있다면, 당신은 당신이 가려는 곳으로 더 자주 갈 수 있을 것이다!

작은 거인과의 대화

영국의 6월은 푸른색과 황금색이 뒤섞여 있었다. 세상은 싱싱했고 나 또한 그랬다. 하지만 낡은 선빔 자동차를 빌려 타고 옥스퍼드에서 운전을 하고 내려가는 동안, 내 안의 모든 확신이 다 떠나버린 것 같은 기분이 들었다.

그는 속세를 떠나 은둔생활을 하고 있었고, 미국인들과는 상종하지 않는다는 얘기가 돌았다. 나는 그를 잘 아는 친구를 통해 겨우 방문해도 된다는 허락을 얻어냈다. 막상 그가 살고 있는 동서섹스 버워시의 조그만 마을이 가까워지자 갑자기 무대공포증 비슷한 것이 일기 시작했다.

거무칙칙한 19세기풍의 주택이 눈에 들어오면서 손님을 맞기 위해 문 쪽으로 걸어 내려오고 있는 집주인의 모습이 보이자, 나는 가서 악수를 청해야 하는 건지 아니면 그냥 돌아서서 냅다 도망을 쳐야 하는 건지 혼란스러웠다.

그는 정말 작았다! 그가 쓰고 있는 축 늘어진 챙 없는 모자는 어깨를 덮을 정도였고, 체중은 50킬로그램이나 나갈지 의심스러웠다. 피부는 영국 남자치고는 검은 편이었고 수염은 거의 백발이었다. 숱이 많은 눈썹은 늪지대의 풀처럼 엉켜 있었지만 금테 안경 속의 두 눈만은 사냥 견처럼 반짝거렸다. 그의 나이는 예순아홉이었다.

그는 내 마음이 얼마나 불편하고 몸은 얼마나 피곤한지를 즉각 알아 차렸다.

"안으로 들어오시오, 어서 들어오시오."

그는 문을 활짝 열어주며 다정하게 말했다.

"난 지금 내 해군함정을 찾고 있었다네."

마침 스코틀랜드인 한 사람이 길을 성큼성큼 내려오더니 나를 보고는 발길을 멈추었다.

"여기 이 사람은 말라쉬라고 하는데, 정말 친절한 분이지. 물론 스코틀랜드 사람이라 속내를 드러내길 좋아하진 않지만……."

그가 정원사를 내게 소개해주었다.

정원사는 아무 말없이 정원 끝에 있는 연못으로 나를 안내했다. 연못에는 손으로 젓는 노가 달린 180센티미터 정도 길이의 배가 한 척 있었는데, 그게 바로 그가 말한 해군함정이었다.

"자네가 기관실을 맡지. 난 승객 명단에 올라 있으니까."

그의 농담에 흥분했던 탓인지 나는 지나치게 힘껏 노를 저었고, 그 바람에 노와 연결된 굴대가 부러지고 말았다. 덕분에 나는 '루드야드 키플링 선생'(『용감한 선장』을 비롯해 항해와 관련된 작품을 많이 쓴 키플링을 노인에 빗대어서 한 말-옮긴이)과 함께 연못 한가운데에 고립되고 말았다. 그는 웃음을 터뜨리기 시작했고 나도 따라서 웃을 수밖에 없었다. 분위기는 금세 누그러졌다.

결국 정원사가 긴 갈퀴를 가지고 와서 우리를 구해주었는데 그때까지 우리는 계속 얘기를 나누고 있었다. 그는 내 마음속에 웅크리고 있던 부끄러움을 몰아내주었고, 대화보다 더 깊은 곳에 이해가 존재한다는 사실을 일깨워주었다. 그러는 사이 우리는 아주 가까워졌다. 기이한 일이었다. 우리는 너무도 다른 종류의 사람처럼 보였다. 그는 영국인이었고 나는 미국인이었다. 그리고 그는 빛나는 업적을 이룩한 사람이었고, 나는 어두컴컴한 길 위를 이제 막 걸어가기 시작한 사람에 불과했다. 그는 여러 해 동안 육체적인 고통에 시달려왔지만 나는 그런 것을 경험해본 적이 없었다. 또한 그는 나에 대해 아는 바가 없었지만 나는 그에 대해 모든 것을 알고 있었다.

내게 있어서 그는 단지 장난감 배에 타고 있는 병약하고 덩치가 자그마한 노인네가 아니었다. 그는 키플링의 소설에 등장하는 킴(Kim, 루드야드 키플링의 장편소설 『킴』의 주인공-옮긴이)이었고, 퍼지-우지(Fuzzy-Wuzzy, 영국 통치하의 19세기 수단의 전사들-옮긴이)였으며, 강가 딘(Gunga Din, 키플링의 가장 유명한 시 가운데 하나이자 그 작품의 주인공 이름-옮긴이)이었다. 그는 만달라이로 가는 길 위에 떨어진 벼락처럼 순식간에 깨달음을 얻은 사람이었다. 그는 예배가 끝날 무렵 울려나오는 「퇴장 성가」처럼 우렁찬 목소리로 벽돌로 지은 방이 떠나갈 듯 웃어젖혔고, 시장의 수다쟁이처럼 떠들어댔다. 나에게 그는 무척이나 순수한 하나의 기적이었다. 그에게 사로잡힌 내 두 눈에는 아무런 의심도 없었다. 그 또한 그런 나를 느낀 것인지, 기분이 좋아 보였다.

물론 내게는 그를 찾게 된 동기가 있었다. 혼란스럽고 위태로운 의식을 지닌 얼치기 청년이었던 나는 온전히 혼자 힘으로 자신의 삶을 개척해온 그를 만나고 싶었다. 내 주머니 속에는 미국의 한 대학에서 강사 자리를 주겠다는 내용의 편지가 들어 있었다. 하지만 나는 정말 교사가 되고 싶지는 않았다. 내게는 나름대로의 욕심이 있었고 그것을 실현해내기 위해 참고 견뎌낼 힘도 있었다. 내가 궁극적으로 원하는 것은 교사가 아니라 작가였다. 교사 자리는 단지 누군가가 제안해 온 일일 뿐이었다. 그렇긴 했지만 작가에 대한 뚜렷한 전망이 있는 것도 아니었고 주머니는 텅 비어 있었다. 고국은 여전히 대공황이라는 죽음의 그림자가 온 나라를 뒤덮고 있는 상황이었다. 안전한 생활을 위해서라면 결국 제안을 받아들일 수밖에 없는 상황이었던 것이다.

당시 내가 간절히 원하던 것은 내게 무엇을 하면 좋을지를 말해줄 수 있는, 문학에 조예가 깊은 인물이었다. 물론 나한테 닥친 문제를 낯선 사람을 통해 해결하려 드는 것이 이치에 맞지 않는다는 것쯤은 나도 잘 알고 있었다. 그래서 나는 내가 안고 있는 문제를 드러내지 않은 채 어떻게든 길이 열릴 거라고, 기적이 일어날 거라고 희망하며 기다릴 수밖에 없었다.

내가 기다리는 동안 그는 얘기를 했다. 그가 얘기하는 동안 나는 내 문제를 잊어버렸다. 그는 허공으로 말들을 던져놓았다. 그의 말들은 칼날처럼 번뜩였다. 그는 남아프리카의 정치가 세실 로즈와의 우정에 대해 들려주었다. 나는 옥스퍼드 대학에서 그 사람의 관대함을 일찍이 경험했었다.

"사람들은 우리 둘을 제국주의자라고 말했지."

'키플링'이 조금은 으스스하게 얘기를 시작했다.

"그래, 그랬을지도 모르지. 지금은 퇴색한 용어에 불과하지만, 어떤 영국인들에겐 여전히 부끄러움을 느끼게 만드는 게 바로 그 말이지. 하지만 난 제국주의자가 아니었다네."

그는 내게 엘리엇, 스타인, 커밍스 같은 뛰어난 시인들에 대해 날카로운 질문을 던졌다. 나는 그들이 좋은 시인이라고 생각한다고 말했다.

"몇 행만 인용해줄 수 있겠나?"

그가 솔직하게 물었다. 내가 곤혹스런 표정을 짓자 그는 웃음을 터뜨렸다.

"이보게. 운을 맞추지 못한 시는 혼란스러워. 하지만 시인들은 너무 엄격한 운율도 경계하지. 시인이란 몽상과 현실의 중간지대, 아무도 살지 않는 그곳에서 살지 않으면 안 된다네."

"모글리처럼 말이죠."

나는 키플링의 소설 『정글북』에 나오는, 사람이 사는 마을과 정글을 오가며 모험의 삶을 살았던 갈색 피부의 소년을 불쑥 떠올리며 말했다. 그의 파란 눈이 나를 응시했다.

"얼마간은 우리도 그런 셈이지."

그는 야망에 대해 얘기했고, 어떤 기술이나 재능을 완전히 습득하는 데 얼마나 오랜 시간이 걸리는가에 대해서도 말했다. 그러고 나서 그에 따르는 부차적인 야망들에 대해서도 얘기를 했는데, 그런 것들을 더 많이 가질수록 더욱 충실한 삶을 살게 된다고 했다.

"난 항상 쌍돛대가 달린 400톤짜리 배를 만들고 싶어 했지. 만들 수가 없다면 살 수 있기를 기대했다네."

그가 깊이 생각에 잠겼다가 말을 이었다.

"그걸 타고 세계여행을 떠나고 싶었어. 하지만 그렇게 하질 못했지. 이젠 너무 늦어버렸다는 생각이 들어."

그는 담배에 불을 붙이고는 연기를 내뿜으며 나를 바라보았다.

"자넨 말일세, 가능하다면 진정으로 원하는 걸 하게나. 조건이 다 갖추어질 때를 기다려선 안 되네. 그땐 이미 너무 늦어버렸다는 걸 알게 될 뿐이지."

그의 말은 계속되었다.

"난 고고학자가 되고 싶었지만 결국 그러지 못했지. 그건 순수하게 빛을 발하는 로맨스였다네. 다른 어떤 것도 그것만큼 감동적일 수는 없을 거야. 우리가 발을 디디고 있는 여기 서섹스에서 말일세……."

그는 우물을 파다가 어떤 일이 있었는지에 대해 설명하기 시작했다.

몇 피트를 팠을 때 그들은 자코뱅당원의 담배 파이프 하나를 발견했다. 더 파내려가자 이번엔 크롬웰단원의 황동 숟가락이 나타났고, 그보다 더 아래쪽에서는 로마산 말의 일부가 발견되었으며, 그러고 나서야 마침내 물이 나왔다고 했다.

우리는 두 면이 책꽂이로 채워져 있는 넓은 서재로 들어갔다. 거기에는 책상과 의자, 커다란 쓰레기통, 잉크를 찍어서 쓰는 펜들이 있었다. 난로의 오른편에는 조그마한 소파도 놓여 있었다.

"난 저기에 누워서 내가 할 일을 일러줄 정령을 기다리곤 하지."

그가 미소를 띠며 말했다.

"정령이라고요?"

그가 어깨를 으쓱해 보였다.

"직관 말일세. 잠재된 의식이란 거 말이야. 자네는 뭐라고 부르고 싶어 할지 모르겠지만."

"선생님께선 언제나 그 정령의 목소리란 걸 들으실 수 있나요?"

"아니. 언제나 그런 건 아닐세. 하지만 오래전에 난 배웠다네. 들릴 때까지 기다리는 게 최선이라고 말이야. 정령이 아무 말도 해주지 않을 땐 보통은 의미가 없다는 뜻이지."

그는 천천히 말을 이었다.

그때 '키플링'의 부인이 점심식사를 하라고 우리를 불렀다. 식당으로 가야 할 때가 지났는데도 그는 여전히 얘기를 계속할 뿐이었다.

"내가 완전히 얘기에 취해버렸군. 자네도 나만큼이나 취기가 오른

청중이야."

결국 우리는 대화를 계속했다. 그가 얘기를 하는 동안 나는 그 모든 것을 머릿속에 담아두려고 초인적인 노력을 기울였다. 그에게는 상대가 쉬 믿으려 하지 않는 어떤 사실을 강하게 밀어붙여서 억지로라도 받아들일 수밖에 없게 만드는 그만의 방법이 있었다.

"자네가 타고난 놀라운 에너지나 재능이란 건, 비유하자면 자네를 이용하려고 꽁무니를 따라다니는 사람들과 같아. 그들에게 화를 내거나 신경질을 부리는 대신에 자넨 이 기생충들을 유혹할 수 있는 능력을 주신 신에게 감사해야 한다네. 그리고 그들을 쫓아내려고 시간을 낭비하지 않게 해준 것에도 감사해야 하고."

우리는 우정에 대해서도 얘기를 나누었다. 그는 젊을 때의 우정이 가장 좋으며 가장 오래도록 지속되는 것이라고 생각했다.

"자넨 젊기 때문에 자기 자신을 내주는 걸 두려워하지 않지. 자넨 별다른 생각 없이 온화함을 주고, 생명력을 주고, 연민을 줘. 그리고 훗날 자넨 자신이 주었던 그것들의 무게를 느끼기 시작할 거야."

나는 그가 나에게 뭔가 좀 다른 방식으로 많은 것을 주었다고 말했다. 그는 눈을 깜박거렸다.

"공정한 거래였지. 자넨 내가 집중하도록 해주었네. 자네도 알겠지만 그것도 애정의 한 형태지."

그는 내가 아무것도 모르면서 모든 것을 사랑하고 싶어 하고, 모든 사람들을 즐겁게 해주고 싶어 한다는 사실을 알고 있었다는 생각이 든다. 그리고 그는 대화를 나누면서 내가 정체성을 잃어버리지 않도록 따뜻이 대해주었다. 시간이 꽤 흐르고 나서 그는 이 주제로 다시 돌아왔다.

"개인은 집단에 의해 압도당하는 존재가 되지 않으려고 끊임없이 싸워야만 했다네. 온전히 자기 자신이 된다는 건 어려운 일이지. 만약 그러려고 한다면 자네는 자주 외로워질 것이고, 때로는 공포에 휩싸일 걸세. 하지만 자기 자신이 되려는 특권은 세상 어떤 것보다 값진 일이라네."

어느새 어둠이 풀밭 위에 길게 드리워졌다. 떠나려고 일어서는 순간 나는 주머니 속의 편지가 생각났고, 내가 듣고자 했던 충고가 떠올랐다. 하지만 이제 질문을 던질 필요가 없었다. 이미 충분히 대답을 들은 뒤였던 것이다.

'진정으로 원하는 것을 하라……. 조건이 딱 들어맞을 때까지 기다리지 마라. 너의 정령이 아무것도 말하지 않는다면 그것은 아무런 의미가 없다는 뜻이다. 어떤 비싼 것도 너 자신이 되려는 특권만큼 높지는 않다.'

나는 교사 일을 거절할 것이며, 나의 정령이 내게 또렷한 목소리로 말해줄 때까지 기다리리라.

우리는 대문까지 함께 걸었다. '나의 스승'이 천천히 고개를 들어 나를 바라보았다.

"고맙네. 자넨 내가 좋은 일을 하게 해주었네."

내가 그를 위해 뭔가를 할 수 있었다는 것은 상상도 하지 못한 일이었다. 나는 그에게 감사인사를 하고 낡은 선빔에 올라탔다. 나는 다시 한 번 뒤를 돌아보았다. 그는 축 늘어진 모자를 여전히 어깨까지 드리운 채 문가에 서 있었다. 그는 병마와 그 자신만의 문제들과 싸우는, 그리고 혼란과 자의식에 빠져 허우적이는 이국의 젊은이를 돕기 위해 하루 온종일을 바친, 작은 거인이었다.

그는 나를 위해 우정의 선물을 전해주었다. 충고 이상의 무언가를 주었다. 그는 내가 가져갈 수 있도록 자신의 일부를 떼어주었다. 수많은 세월이 지났건만, 그의 온기는 여전히 내 가슴에 남아 있다.

'다음'을 기대하는 자세

불현듯 일어나 인생을 전면적으로 바꾸어버리는 내면의 불꽃만큼 흥미롭고 유용한 자극도 없을 것이다. 이때 일어나는 변화는 단순히 바뀌는 것이 아니라 더 나은 것으로의 전환이다. 정말 드물기는 하지만, 이런 순간들은 우리 모두에게 찾아온다. 때로는 책이나 연설을 통해, 때로는 한 줄의 시에서, 때로는 어떤 친구로부터…….

맨해튼의 어느 겨울 오후, 조그마한 프랑스 식당에서 친구를 기다리던 나는 혼란스럽고 침울한 감정에 휩싸여 있었다. 몇 가지 실수로 매우 중요한 계획 하나가 수포로 돌아가고 말았기 때문이다. 그래서 절친한 친구를 만난다는 사실조차도(그는 개인적으로 내가 무척이나 좋아하는 어른이었다) 내 기분을 평소처럼 되돌려놓지는 못했다. 나는 인상을 잔뜩 쓴 채로 뭔가 좋은 수가 없을까를 궁리하며 체크무늬 식탁보

앞에 앉아 있었다.

그는 낡은 중절모로 벗겨진 머리를 가린 채 오래된 코트에 머플러를 두른 모습으로 도로를 건너고 있었다. 저명한 정신과 의사가 아니라 정력적인 난쟁이처럼 보였다. 그는 근처에 있는 사무실에서 지금 막 마지막 환자를 보내고 오는 길이었다.

여든이 다 되었지만 그와 상담하길 원하는 환자들은 줄어들지 않았다. 또한 규모가 큰 재단을 운영하면서도 틈만 나면 골프를 치러 다니기를 좋아했다.

그가 식당으로 들어와서 내 곁에 앉자 종업원이 늘 하던 대로 맥주를 가지고 왔다. 여러 달 동안 만나지 못했는데, 오늘은 더욱 자신감에 찬 모습이었다.

그가 주저 없이 물었다.

"그래, 젊은 친구. 무슨 곤란한 일이라도 생긴 건가?"

나는 그의 놀라운 안목에 한참을 멍해 있었다. 그리고 나를 괴롭히던 문제를 꽤 긴 시간에 걸쳐 털어놓았다. 마음이 울적했지만 사실을 정직하게 털어놓으려고 무척이나 노력했다. 나를 실망시킨 사람들에 대해 나 자신을 제외하곤 누구도 비난하고 싶지 않았다. 전체를 꼼꼼히 분석했었지만, 결정적으로 내 판단이 나빴으며 제대로 진행하지 못했다는 사실을 말했다. 15분 남짓 얘기를 계속하는 동안 노인은 한 마디도 하지 않은 채 홀짝홀짝 맥주를 마셔대기만 했다.

내가 얘기를 끝내자 비로소 그는 잔을 내려놓았다.

"잘 들었네. 내 사무실로 가지."

"선생님 사무실로요? 뭘 두고 오셨나요?"

"아닐세. 자네의 반응을 보고 싶어서 그래."

그가 부드럽게 말했다.

밖에는 차가운 비가 추적추적 내렸지만, 그의 진료실은 여느 때나 다름없이 따뜻하고 편안했다. 책장이 나란히 서 있는 벽, 긴 가죽 소파, 프로이트의 사인이 들어 있는 사진, 창가의 녹음기. 비서는 퇴근을 했는지 진료실에는 우리 둘뿐이었다.

노의사는 납작한 종이상자에서 카세트테이프를 꺼내더니 녹음기에 다 꽂았다.

"이 테이프엔 말이야. 도움을 받으러 날 찾아왔던 세 사람의 고백이 담겨 있다네. 그리 길지는 않지. 물론 그들은 각자 성향이 달라. 이제 이걸 다 듣고 나서 세 가지 사례에 공통적으로 해당되는 단어 하나를 찾아내보게나. 두 글자야."

그는 미소를 띠며 말을 이었다.

"당황할 필요는 없어. 다 이유가 있으니까."

녹음 테이프에 담긴 세 목소리의 주인은 모두 평범했는데, 그다지 행복한 것 같지는 않았다. 또박또박한 말투의 첫 번째 사람은 이런저런 사업을 하다가 손해를 보았거나 실패를 겪은 사람이었다. 그는 열심히 일하지 않았으며 사업의 전망을 제대로 내다보지 못한 자신을 심하게 질책했다.

그 다음 사람은 혼자가 된 어머니를 보살펴야 한다는 의무감에 사로잡혀 결혼을 하지 않으려 했던 여자였다. 그녀는 여러 번 결혼할 기회가 있었지만 번번이 포기해버린 일들을 쓰라리게 회상했다. 세 번째 목소리는 경찰과 문제를 일으킨 10대 아들을 둔 여자였다. 그녀는 끊임없이 자기 자신을 비난했다.

노의사는 녹음기를 끄더니 의자 등받이에 몸을 기댔다.

"녹음 내용 중에는 하나의 말이 여섯 번이나 반복해서 나온다네. 그건 감지하지 못하는 사이에 서서히 중독을 일으키는 독약과 같지. 찾아냈나? 못 찾았다고? 그래, 조금 전 식당에서 자네도 그 말을 세 번이나 사용했었지. 그러고도 그게 뭔지를 못 찾는 건 환자로선 당연한 일이지."

그는 상자에서 테이프를 꺼내 내게 건네주었다.

"라벨 위에 바로 그 말이 적혀 있다네. 이 세상에서 가장 슬픈 말이지."

나는 테이프를 내려다보았다. 붉은색 잉크로 깔끔하게 인쇄된 그것은 '만약'이었다.

노의사가 말했다.

"자네가 만약, 내가 이 의자에 얼마나 오래도록 앉아 있었는지, 이 두 글자로 시작되는 말들을 얼마나 오래도록 들어왔는지를 알면 아마도 기절해버릴 거야. '만약 다르게 할 수 있었다면, 만약 그걸 하지 않았다면, 만약 이성을 잃지 않았다면, 만약 그토록 심하게 말하지만 않았더라면, 만약 정직하지 못하게 행동하지 않았다면, 만약 거짓말을 하지 않았다면……. 만약 좀 더 현명했더라면, 만약 조금 덜 이기적이었다면, 만약 조금 더 자신을 컨트롤할 수 있었다면…….' 그들은 내가 제지하지 않으면 결코 멈추질 않아. 때로는 자네가 방금 들었던 그 테이프를 들려주면서 그들에게 말할 때도 있지. '만약 당신이 만약이라는 말을 하지 않게 된다면, 당신은 틀림없이 이곳이 아닌 다른 곳에 있을 겁니다.' 하고 말일세."

노의사는 다리를 길게 뻗었다.

"'만약'이라는 문제에 한번 걸려들면 결코 풀려나지 못한다네. 계속 잘못된 길만 마주칠 뿐이고, 앞으로 나아가지 못한 채 후퇴할 뿐이지. 그렇게 시간은 흘러갈 것이고 결국 그게 습관이 되어버린다면, 그건 진짜 바리케이드가 돼버리지. 아무것도 들어오지 못하게 막아버리는 바리케이드 말일세.

이제 자네의 경우를 살펴볼까. 자네는 계획을 망쳤어. 왜 그랬을까? 자네 말대로 확실히 실수를 했기 때문이지. 그래, 그건 맞아. 하지만 자넨 그 일을 슬퍼하고, 그 일로부터 진정으로 교훈을 얻지 못한 것을 후회하고 있어."

"어떻게 아셨습니까?"

나는 조심스럽게 물었다.

"어떻게 알았냐고? 도무지 자넨 과거에서 벗어나지 못하고 있었으니까. 자넨 한 번도 미래를 얘기하지 않았어. 지금 이 순간, 솔직해져야 하네! 자넨 그런 식으로 자신의 과오를 즐기고 있었던 거야. 우리 인간들에게는 오래된 실수를 거듭하고 싶어 하는 못된 성향이 있다는 거 알고 있나? 결국 자네에게 일어난 재난이나 실망의 드라마에서 자넨 여전히 주인공이고, 무대의 한가운데에 서 있는 거야."

나는 기운이 쑥 빠져서 고개를 흔들었다.

"그럼, 치유책이 뭡니까?"

"초점의 이동."

노의사가 지체 없이 대답했다.

"키워드를 바꾸게나. 자신을 바닥으로 끌어내리는 말 대신 위로 끌어올리는 말로 바꾸란 거야."

"추천해주실 만한 말이 있나요?"

"물론이지. 먼저 '만약'이라는 말을 걷어치우게. 그 말 대신 '다음에는'을 쓰는 거야."

"다음에는……?"

"그렇다네. 난 이 방에서 그 말이 눈 깜짝할 사이에 기적을 만들어내는 걸 보아왔다네. 내게 '만약'이라는 말만 계속했던 환자는 그 문제 안에서 허우적댔지. 하지만 내 눈을 똑바로 바라보면서 '다음에는'이라고 말하는 순간, 그는 곧바로 문제에서 벗어났어. 그건 자신의 고통스럽고 우울한 경험을 통해 얻은 교훈을 스스로에게 적용하기로 결심했다는 걸 의미하지. 그건 후회라는 바리케이드를 옆으로 밀어버리고 앞으로 나아가겠다는 것이고, 행동하겠다는 뜻이고, 새롭게 살아가겠다는 걸 의미하는 거야. 자네도 그렇게 하게나. 그러면 자넨 알게 될 걸세."

백발인 내 친구는 문득 이야기를 멈추었다. 유리창을 적시는 빗소리가 들려왔다. 나는 마음속에서 새로운 말을 꺼내 늘 써오던 말과 바꾸어보았다. 새로운 단어가 자물쇠를 따고 내 안으로 들어가는 소리가 들려왔다.

노의사가 말했다.

"마지막으로 한 가지만. 이 하잘것없는 트릭을 치유가 이루어질 때까지 멈추지 말고 계속해야 하네."

그는 뒤편에 놓인 종이상자에서 일기장으로 보이는 노트를 꺼냈다.

"이건 우리 고향마을에서 학교 선생님을 하셨던 어떤 여자 분이 한 세대 전부터 계속 써온 일기일세. 그녀의 남편 조나단은 마음씨 좋고 매력적인 분이었지만 하릴없이 빈둥거리며 지내는, 가장으론 형편없이 무능한 분이었지. 그래서 부인은 아이들을 키우며 온갖 청구서를 지불하면서 가족들을 부양해야 했지. 그녀의 이 일기는 조나단의 나약함과 그의 쥐꼬리만 한 봉급, 그의 무능에 대한 분노에 찬 논문인 셈이지. 그러다가 남편이 죽었고 그로부터 몇 년 동안 그녀는 이 일기를 빼고는 아무것도 쓰지 않았어. 일기엔 이런 게 씌어져 있다네. '오늘 나는 교장이 되었다. 나는 무척이나 자랑스럽다. 하지만 내가 만약 조나단이 저 하늘로 가버릴 것을 미리 알았더라면, 만약 그걸 막을 수 있는 방법을 알았더라면, 난 오늘 밤 그와 함께 기쁨을 나눌 수 있었을 텐데' 라고 말이야."

노의사는 일기장을 가만히 덮었다.

"들었지? 그녀가 '만약'이라고 말하는 걸 말이야. '만약 내가 그를 받아들일 수 있었다면, 모든 실수를 받아들일 수 있었다면, 만약에 내가 할 수 있는 한 그를 사랑했더라면' 이라고 말하는 그녀의 목소리를 들었지?"

그는 일기장을 도로 선반 위에 올려두었다.

"이 슬픈 단어가 모든 말들 중에서 가장 슬퍼지는 것이 바로 지금 같은 때라네. 되살려내기엔 너무 늦어버린 그 순간."

그는 한동안 굳은 채로 서 있었다.

"자, 이제 수업은 끝났어. 늘 그렇지만 만나서 반가웠네, 젊은 친구. 이제 만약 자네가 나를 위해 택시를 잡아준다면, 난 아마도 집으로 돌아갈 수 있을 거야."

우리는 비 내리는 밤거리로 나왔다. 나는 빈 택시를 발견하고 그곳으로 달려갔다. 하지만 다른 사람이 나보다 빨랐다.

"이런, 이런. 만약 우리가 십 초만 더 서둘렀더라면, 택시를 탈 수 있었을 텐데. 그렇지 않나?"

노의사가 장난스럽게 말했다. 나는 웃음을 터뜨렸다. 무언가가 빠르게 뇌리를 스쳤다.

"다음엔 제가 더 빨리 뛰도록 하겠습니다."

"바로 그걸세. 바로 그거야!"

노의사가 후줄근한 모자를 귀밑까지 끌어 덮으며 큰 소리로 말했다. 또 다른 택시가 우리 앞으로 천천히 다가왔다. 나는 택시 문을 열어주었다. 그는 미소를 머금었고 한참 동안 손을 흔들었다. 그렇게 사라진 그의 모습을 나는 다시는 보지 못했다. 그로부터 한 달 후 그는 심장마비로 갑자기 세상을 떠났다. 아니 그는 저세상을 향해 성큼 걸음을 뗀 것이었다.

맨해튼의 그 비 내리는 오후로부터 일 년쯤 지났다. 이제 나는 '만약'이라는 말이 떠오를 때마다 '다음에는'이라는 말로 바꾸는 데 아주 능숙해졌다. 그럴 때마다 나는 내 의식의 자물쇠가 딸깍 하고 열리는 소리를 기다린다. 그리고 마침내 그 소리가 들려오면 노의사의 얼굴이 함께 떠오른다.

"아무리 작은 것도 영원히 살아 있다네."

그가 곁에 있었다면 틀림없이 그렇게 말했을 것이다.

3

만남의 순간
교감의 순간은 영원히 잊히지 않는다

삶이란 놀라움으로 가득 차 있다고들 말한다. 그렇다. 그 놀라움은 우리를 흥분시키는 발견이기도 하고, 가끔은 유쾌하지 못한 충격이기도 하다.

내가 경험한 바로는 불유쾌한 충격들은 의외로 빨리 잊히지만, 유쾌한 놀라움은 오랜 시간 또렷하게 기억에 남는다.

당신에게 뜻밖의 행운이 찾아왔을 때를 떠올려보라. 대부분은 평범한 상황이었을 것이다. 아이를 학교에 데려다주는 중일 수도, 누군가와 만나기로 약속한 곳으로 가는 길일 수도 있다. 당신이 잠에 빠진 듯 단조로운 일상에 젖어 있을 때 무슨 일인가가 갑자기 일어나는 것이다.

그럴 때면 불현듯 주변이 꿈틀대기 시작한다. 진부했던 것들이 뭔가 의미심장해지고, 일상이 기억에 남을 만한 일들로 모습을 바꾸는 것이다. 당신의 남은 생을 송두리째 바꾸어놓을 만큼 강렬한 순간도 있다.

당신이 우연히 마주치는 그것은 단지 어떤 시간, 어떤 장소에 불과할 수도 있다.

제2차 세계대전 중의 어느 날 밤, 나는 런던의 어두운 거리를 홀로 걷고 있었다. 공습경보가 울리고, 탐조등이 어지러이 하늘을 비추어대는 밤이었다. 얼마 뒤 공습이 끝났음을 알리는 사이렌이 울리며 탐조등이 일제히 꺼졌다. 이제 도시의 사방 네 구석에서 비쳐 나오는 불빛만이 켜져 있을 뿐이었다. 그런데 그 네 개의 빛줄기가 움직임을 멈춘 채 조금씩 번져 오르기 시작하더니 정확히 내 머리 위쪽에서 하나의 점으로 모여들었다.

나는 걸음을 멈추었다. 내 머리 위로 치솟은 그 불빛은 한밤의 거대한 검푸른 천장을 정확히 넷으로 나누어놓는 은빛 칼날과 같았다. 사이렌이 잦아들자 아무 소리도 들려오지 않았다. 깊고 깊은 침묵의 바다 속에서 그 빛줄기는 거대한 별 모양의 보석이 되어 내 가슴에 박혔다. 나는 그 순간을 잊을 수가 없다. 아마도 영원히 내 기억에서 떠나지 않을 것이다.

진정 잊히지 않는 만남은 시간이나 공간이 아니라 어떤 '존재'와의 우연한 조우일 것이다. 그것은 시간이 흘러도 변하지 않는 내면의 통찰과 의식의 교감을 통해 이루어진다. 그 만남을 통해 우리는 그동안 가치 있다고 배웠지만 정확히 묘사할 수도 가늠할 수도 온전히 설명할 수도 없었던 것들의 정체를 알게 된다.

이런 빛나는 만남이 이루어지는 순간 많은 사람들은 어떻게든 그것을 보전하려는 욕구를 느끼고, 더러는 실재하는 징표를 지니고 싶어 한다. 꽃이나 사진, 혹은 손수건 같은. 글을 쓰는 사람이라면 아마도 자신의 글에다 그것을 간직해놓으려 하겠지.

내 아이의 시작

9월의 아침이 고요하고 환하게 밝아왔다. 반짝반짝 빛이 나는 듯 신선한 마을은 전형적인 미국 도시의 풍경이었다. 우리는 입을 꾹 다문 채로 햇빛이 나오려는지 금박을 입힌 듯한 도로 위로 천천히 차를 몰았다.

셰리는 조그만 몸을 웅크린 채 심각한 표정을 지으며 옆자리에 앉아 있었다. 아내와 나는 첫 등교라고 해서 딸아이를 별달리 대하지는 말자고 약속했었다. 나는 학교 앞에다 차를 세웠다. 지난주에 미리 살펴보았으니 교실까지 데려다주지는 않을 생각이었다.

학교 건물은 공립학교라는 걸 상징이라도 하듯 언덕 위에 높이 솟아 있었다. 높다랗게 걸린 계단을 다 올라가면 녹색 잔디밭 사이로 길이 나 있고, 그 길이 끝나는 곳에 널따란 문이 달린 식민지 풍의 붉은 벽돌 건물이 있었다. 공립학교답다는 얘기를 들을 만한 위용이었.

이제 한 방울의 자그마한 인생이 그 계단들을 타고 흘러가기 시작할 것이다. 신입생들은 금방 눈에 띄었다. 엄마의 손에 매달려 있는 건 대부분 1학년생들이겠지. 나는 셰리를 바라보았다. 아이는 고개를 숙인 채 제 무릎을 노려보고 있었다.

"좀 일찍 왔나보다. 여기서 좀 기다릴까?"

셰리가 고개를 끄덕였다. 나는 몸을 기울여서 차의 시동을 껐다. 별 느낌이 없을 거라고 예상했었지만, 마치 뭔가 곧 중요한 일이 일어날 것 같은 기분이 들었다.

셰리는 무릎을 덮고 있는 드레스를 조심스럽게 매만졌다. 가르마가 무척이나 곧고 희게 보였다. 나는 갑자기 이런 생각이 들었다.

'셰리는 지금 무슨 생각을 하고 있을까? 밝고, 새롭고, 때 묻지 않은 저 마음속엔 무엇이 들어 있을까? 끝도 없이 올라가야 할 공부라는 사다리의 맨 첫 계단이 무엇을 의미하는지 알고 있을까? 아무 생각도 없는 건 아닐까? 물론 그럴지도 모르지. 만약 생각하는 게 있었다면, 아마도 셰리는 차에서 폴짝 뛰어내려 쪼르르 달려갔겠지. 그래, 몇 살쯤이나 되면 그럴 수 있을까? 적어도 열두 살은 되어야겠지? 어쩌면 대학에 갈 나이는 되어야 할까. 아니 직장을 얻을 나이가 되어야……'

나는 운전대를 바짝 거머쥐고는 이 아이를 가르치고 이 조그만 머리와 가슴에 무엇을 안겨줄 것인지 고민에 빠질 이름 모를 사람들에 대해 생각했다. 그들이 무엇을 안겨주든 아이는 때로는 놀라고 때로는 두려워할 것이다.

셰리는 한쪽 발을 들어 새 신발에 나 있는 흠집들을 살펴보았다.

나는 마음속으로 셰리에게 말했다.

'선생님들은 너에게 물리적 세계에 대해 설명을 해줄 거야. 그들은 원자를 쪼개는 방법을 보여주고, 은하계의 지도를 그려주기도 하겠지. 하지만 네 자신에 대해 알고 싶어졌을 때 누가 널 도와줄 수 있을까? 네가 지닌 고유한 감성을 그리려고 할 때 그걸 지도해줄 미술교사는 누구일까? 누가 저 연약하면서도 복잡한 인간의 정신으로 너를 인도해줄까? 그래, 학교라는 곳에는 그 누구도 없을 거야.'

나는 간절한 심정이 되었다.

'세상에 존재하는 사실들을 열심히 익혀라. 하지만 잘 되지 않는다 해도 너무 걱정하지는 말거라. 머지않아 그 대부분을 잊어버릴 테니까. 아빠는 한때 이차방정식을 외었고 몰리에르의 희곡을 프랑스어로 모조리 읽었지. 하지만 아빠는 정작 내게 유익한 것들을 여전히 모르고 있단다. 그런 건 칠판에 적혀 있지 않아. 그건 아빠가 장담할 수 있어.'

요란하게 떠들어대며 사내아이들이 우리 곁을 스쳐갔다.

나는 침묵의 목소리로 아이에게 말했다.

'네게 진정한 것을 가르쳐주는 스승에게로 가야 한단다, 셰리. 너와 같은 시대를 살아가는 사람들을 유심히 살펴보아라. 그들은 교과서에 나와 있지 않은 많은 것들을 가르쳐줄 거야. 때로는 네가 싫어하는 것들을 알려주기도 하지. 거짓말하는 법, 속임수를 쓰는 법……. 아마도 넌 궁극적으로는 배울 가치가 없다는 걸 깨닫기 전까지는 학교를 떠날 수가 없을 거야. 넌 아빠가 모든 걸 알고 있다고 생각하지만, 그렇지 않

아. 언젠가 네가 너 자신에 대해 깨닫게 될 즈음 그 사실도 알게 되겠지. 사실 아빠가 알고 있는 건 내가 많은 것을 알고 있지는 못하다는 사실뿐이란다. 그때쯤이면 비로소 네 배움의 첫 번째 단계가 완성되겠지. 하지만 그것 역시 학교에 있는 것은 아니란다. 그게 만약 학교에 있었다면, 오래전에 분필과 책과 자가 학교에서 사라져버리지 않았겠니?'

아무것도 모르는 행복한 '야만의 아이'들이 마구 장난을 치면서 계단을 오르고 있었다. 세리는 그들을 쳐다보았고 나는 그런 세리를 바라보았다.

'5분 후면. 넌 더 이상 지금의 네가 아닐 거야. 너도 저 아이들 중 하나가 되어 있을 테니까. 이제 너는 아주 큰 걸음을 내디뎌야 해. 아빠는 다만 그 발길이 제대로 된 방향을 향해 있기를 바랄 뿐이다.'

나는 언덕 높이 자리한 학교를 올려다보았다. 조그만 아이들이 활짝 열린 문 안으로 우르르 들어가고 있었다. 그 모양은 마치 잘 만들어진 거푸집으로 어린 생명들을 녹여 붓는 것 같았다. 그 거푸집을 깼을 때 나오는 완성품은 얼마나 궁극적인 지혜와 가까운 것일까 하는 의문이 불쑥 솟았다. 학교라는 것이 정말 거푸집과 같다면 그 결과물은 결국 모두가 똑같은 형상일 것이고, 그 똑같은 모양의 인간들은 하나로 결집되어 있을 것이며, 그렇게 결집된 자들의 욕망 또한 비슷할 것이다. 그렇다면 그들에게서 과연 진정한 독립성과 독창성과 리더십을 기대할 수 있을까?

미국이 생겨날 당시엔 지금과 같은 교육제도가 전혀 존재하지 않았다. 하지만 지금 우리가 우러르는 천재들은 모두 그 당시의 사람들이다. 워싱턴, 제퍼슨, 프랭클린, 해밀턴, 존 마셜, 패트릭 헨리를 비롯한 수많은 천재들이 인구 300만 명에 불과했던 조그마한 나라에서 나왔다는 사실은, 적어도 지금과 같은 교육제도가 만능은 아니라는 것을 시사한다. 이제 2억 명이 넘는 인구와 수많은 학교와 대학들이 이 나라를 뒤덮고 있다. 그런데 우리를 이끌어나갈 지도자는 어디에 있는가?

나는 다시 한 번 내 곁에 있는 아이를 보며 생각했다.

'문제 될 게 없을지도 모르겠군. 형식도 이미 갖추어져 있고 씨앗도 이미 심어져 있으니 키우는 방법을 바꾼다는 건 말도 안 되겠지. 어쩌면 그래, 알 수 없는 일이야. 알 수 없는 일이 너무 많아.'

나는 나 자신에게 말했다.

'어쨌든 우리의 품에서 떠나갈 시간이 왔어. 결국 아이의 삶이니까. 잊지 말자구, 이건 자네의 삶이 아니라 저 아이의 삶이란 걸.'

나는 몸을 기울여 셰리가 앉아 있는 쪽의 문을 열어주었다. 천천히 차에서 내린 아이는 나를 등진 채로 언덕 위에 솟아 있는 학교를 올려다보았다. 이제 나는 무심한 척 차를 몰고 그 자리를 떠나면 된다.

"셰리야, 아빠 갈게."

그 순간 아이의 눈동자에서 사랑과 기쁨이 홍수처럼 넘쳐흘렀다.

"걱정 마세요, 아빠. 집에서 만나요."

셰리는 이렇게 말하며 아득히 펼쳐진 푸른 아침을 향해 걸음을 내딛기 시작했다.

펠리컨의 마지막 인사

　부모가 자녀들에게 소중한 뭔가를 가르치는 데는 한계가 있다는 문제를 놓고 나는 종종 고민에 빠진다. 아마도 그건 부모가 하는 일들이 아이들에게 완전히 드러나 있기 때문일 것이다. 가르침이란 그것을 다시금 되새겨보기 전까지는 정확히 인식할 수가 없지 않은가. 그만큼 은밀하기 때문일까. 어제 있었던 일을 예로 들어보자.

　우리 네 사람은 오후 늦게 한 시간 정도 낚시를 즐기고 나서 해변으로 돌아오고 있었다. 우리가 탄 조그만 보트는 황금빛 햇살을 퉁기며 부드럽게 파도를 타고 있었다. 왼쪽으로는 조지아 해변의 나지막한 모래언덕이, 오른쪽에는 오직 새와 하늘 그리고 이따금씩 고등어가 비늘을 번득이며 뛰어오르는 바다가 있을 뿐이었다. 여느 날 같았으면 보트에 다섯 식구가 타고 있었을 텐데, 모든 살아 있는 존재를 아끼고 사랑하는 열네 살짜리 박애주의자 다나는 우여곡절 끝에 집에서 키우게 된 새끼 너구리를 돌보는 당번으로 뽑혀 홀로 집에 남았다.

"요 녀석 버릇을 제대로 고쳐놔야겠어요. 제가 보이질 않으면 그냥 울어대니."

다나는 자신 있게 말했다.

나는 승무원인 아내와 두 아이에게 보트에서 내리면 집으로 먼저 걸어가고 있으라고 말해놓고는 계류장으로 보트를 몰았다. 보트가 해변으로 올라섰을 때쯤 나는 물가의 모래 위에 펠리컨 한 마리가 있는 걸 보았다. 녀석은 몸을 잔뜩 웅크린 채 꼼짝하지 않았다. 보트가 다가가는 걸 보았을 텐데도 녀석은 날아가려고 하질 않았다.

"저 녀석이 그다지 편안해 보이진 않는구나."

나는 보트를 계류장에 매어놓은 뒤 녀석을 안고 집으로 돌아올 때까지 아무 생각도 할 수가 없었다. 집 계단 발치에 이르자 펠리컨은 고개를 축 늘어뜨린 채 커다란 날개를 반이나 펼쳐놓았다. 걱정 어린 표정으로 녀석을 둘러싸고 있는 얼굴들 중에 다나도 보였다. 몸을 쭈그린 채 녀석 가까이로 다가가 앉은 다나의 금발머리가 기다랗게 늘어져 얼굴을 가렸고, 햇볕에 그을린 팔은 조심스럽게 녀석의 모가지를 싸안고 있었다. 나를 올려다보는 다나의 회색 눈동자에 물기가 어렸다.

"아빠, 뭐가 잘못된 걸까요? 날 수도 없고 걷기도 힘들 것 같은데. 몸도 떨고 있고요."

설사 녀석에게 문제가 있다 해도 너무 염려하지 말라고, 우린 고양이 여덟 마리에 푸들과 새끼 너구리까지 동물에게 생기는 문제라면 뭐든 겪어보지 않았냐고, 나는 흥분을 가라앉히며 말했다. 내 마음을 잘 이해하는 아내가 여느 때처럼 나직한 음성으로 말했다.

"저런 녀석을 그냥 두고 올 수는 없는 일이었죠."

"우린 펠리컨을 멀리까지 데리고 왔어요. 제가 머리와 목을 붙들고 말이에요. 그런데도 펠리컨은 먹으려고 하질 않아요!"

막내가 자랑스럽게 말했다.

끝이 갈고리처럼 휘어진 밝은 빛깔의 튼튼하고 커다란 펠리컨의 부리를 내려다보고 있으려니, 참 이상하게도 생긴 이 새가 무척이나 아름답다는 생각을 하게 된 순간이 기억났다. 맨 처음 펠리컨을 보았을 때는 그저 괴상하고 신기하다고만 생각했을 뿐이다. 몸을 일직선으로 쭉 펴고는 물속으로 뛰어들어 어눌하게 보이는 날개를 접으면서 물고기를 물고 나오던, 그리고 투창선수가 던진 창처럼 물을 가르던 펠리컨의 모습은 우아하면서도 힘이 넘치고 또한 정확했다. 그런데 지금 이 녀석에게선 더 이상 그런 모습을 기대할 수 없다.

나는 녀석의 부드러운 목 깃털을 쓸어주었다. 전혀 반항하는 기색이 없었다. 약간 겁을 집어먹은 듯 몇 번 버둥거리며 걸음을 떼어보려곤 했지만, 다시 잠잠해지면서 노란 눈으로 우리를 안타깝게 바라볼 뿐이었다.

"아무래도 수의사에게 전화를 해봐야겠다."

내 말을 아내가 되받았다.

"벌써 했죠. 수의사 말이 오늘 밤에 우리가 할 수 있는 일은 물을 조금 주고 지켜보는 것뿐이래요."

"물을 마시려고 하질 않아요. 제가 빵을 좀 줘봤는데도 통 삼키려 들질 않고요."

다나가 우울하게 말했다.

"물고기를 잘라서 줘볼까? 먹을 수 있을지는 모르겠지만."

이렇게 말하고 나서 물고기를 주었지만 녀석은 쳐다보지도 않았다. 할 수 없이 펠리컨의 부리를 벌려서 구석에다 물을 조금 부어주었다. 우리를 경계하는 것 같지는 않았지만 녀석은 가끔씩 경련이 이는지 몸을 떨어댔다.

"추운가봐요."

다나가 울음 섞인 소리로 말하고는 커다란 수건을 가져다가 펠리컨의 몸을 부드럽게 감싸주었다.

해가 지면서 진홍색 놀이 하늘을 가득 덮었다. 아내와 아이들 둘은 저녁식사를 준비하기 위해 집 안으로 들어가고 다나와 나는 펠리컨 곁에 남았다. 바다 멀리로 밤을 보낼 곳을 찾는 펠리컨의 긴 행렬이 하늘을 가로지르며 날아갔다. 문득 그들은 제 동료 하나가 땅에 떨어진 사실을 알고 있는지 궁금했다. 나는 마침내 다나에게 말했다.

"녀석을 물에다 데려다주자. 둥지로 돌아가는 동료들을 보면, 어쩌면 날아보려고 하지 않을까?"

축 처져 있는 커다란 덩치의 펠리컨을 들고서 다나와 나는 모래언덕을 지나 사람들이 찾지 않는 해변을 가로질러 방파제 쪽으로 걸음을 옮겼다. 썰물이 빠져나가고 있었다. 파도는 희미한 어둠 속에서 강철 빛깔을 내면서 일렁이고, 새들은 남쪽에서 북쪽으로 조용히 날개를 퍼덕이며 우리의 머리 위로 지나갔다. 다나는 발목이 쑥쑥 빠져드는 뻘 위를 간신히 걸어갔다. 다나가 수건을 벗겨내고는 펠리컨을 내려놓자 펠리컨은 널따란 물갈퀴가 달린 발이 물에 닿아서인지 약간 반응을 보였다. 그것은 마치 무언가로부터 놓여났다는, 이제 뭔가를 끝냈다는 신호를 보내는 것 같았다. 녀석은 소리 하나 내지 않은 채로 파도를 향해 그 크고 볼품없는 머리를 떨구었다.

"이제 바다로 돌려주자, 애야. 녀석은 죽었어."

나는 최대한 부드럽게 말했다. 다나는 펠리컨을 모래 위에다 내려놓았다. 세상은 아무 소리도 존재하지 않는 듯 고요했다. 펠리컨 곁에 무릎을 꿇은 다나의 얼굴 위로 눈물이 주르르 흘러내렸다. 다나는 괴로움이 가득한 목소리로 펠리컨에게 말했다.

"아, 왜 이렇게 된 거니? 왜 죽어야만 하는 거니?"

바람이 불어왔다. 바닷물이 밀려들었다. 다나가 던진 질문은 이 세상이 처음 시작되면서부터 지금껏 계속되었다. 한참 뒤에야 내가 말했다.

"슬퍼하지 말거라. 녀석은 더 이상 아프지도 불행하지도 않아."

다나는 길게 숨을 내쉬고는 손등으로 눈물을 닦아냈다. 아이는 고개를 들어 하늘을 날아가고 있는 새들을 올려다보았다.

"펠리컨의 새끼들이 저기에 있을까요?"

"그럴 거야. 새끼들과 새끼들의 새끼들, 그 새끼들의 새끼들도 있을 거야."

다나가 천천히 고개를 끄덕였다. 다나의 눈동자에는 생사의 신비와 기적이 감추어져 있었다. 다나는 손을 뻗어 물에 젖은 펠리컨의 몸을 부드럽게 쓰다듬었다. 그러곤 일어나서 내게로 고개를 돌렸다.

"묻어주면 안 될까요?"

우리는 모래언덕 아래에다 펠리컨을 묻었다. 이제 바다귀리만이 녀석을 지켜줄 것이다. 나는 봉분을 도톰한 모양으로 만들고는 그 위에다 부서진 돌무더기를 올려놓았다. 밀물이 와도 이렇게 멀리까지는 닿지 않을 터였다.

우리는 방파제까지 걸어와서 뒤를 돌아보았다. 돌무더기가 희미하게 빛을 냈다. 그때 다나가 부드럽게 말했다.

"그래, 펠리컨은 저기에 묻히고 싶어서 돌아왔을 거야. 모래언덕과 하나가 되고 싶어서."

내게 한 말인지 자기 자신에게 한 말인지 알 수 없었다.

별들이 하나둘씩 밤하늘에 빛나기 시작했다. 바다는 어둠에 싸였고, 새들은 모두 둥지로 날아갔는지 텅 비어 있었다. 제법 어른 티가 나는 단단한 손으로 다나가 내 손을 끌어 잡았다.

"이제, 집으로 가요, 아빠. 너구리가 밥 달라고 아우성을 치고 있을 거예요."

가장 멋진 '지금'

내 기억이 정확하다면, 그날 아침 나는 여러 날 동안 나를 괴롭혀온 낙담과 우울의 침상에서 잠을 깼다. 내 삶에 그다지 큰 위기 같은 게 있었던 건 아니다. 단지 자잘한 걱정들만이 있었을 뿐. 기다리던 편지는 오지 않았고 청구서 따위만 배달되었다. 이런저런 보잘것없는 직업을 전전하던 나는 그다지 내키지는 않았지만 어떤 일을 새롭게 시작해보라는 권유를 받아들인 상태였다. 사실 그 때문에 걱정이었다. 여리고 자기연민으로 가득한 내 성정은 늘 그렇게 발목을 잡곤 했다. 지나간 날들을 돌아보면 실망의 그림자가 덮여 있었고, 앞으로의 시간을 내다보면 실패의 망령이 어른거려 어디로 눈길을 돌려야 할지 난감했다.

한 시간가량을 뭔가 해보려 했지만 손에 잡히지 않았다. 창밖으로 초록빛과 황금빛이 뒤섞인 채 일렁이는 바다가 보였다. 곧 조수가 바뀔 것이고 파도는 모래톱을 향해 밀려들 것이다. 거기에 문제의 해답이 있을 리 없었지만, 일시적인 도피처가 될 수는 있을지도 모른다는 생각에 아무에게도 알리지 않은 채 훌쩍 집을 나섰다. 보트가 매어 있는 길을 따라 내려가다 개들과 산책을 하고 있던 랍비(선생)를 만났다.

그와는 그저 얼굴이나 아는 정도였다. 그는 은퇴한 지 얼마 되지 않은 70대 노인이었는데 말끔하게 면도한 모습이 근사했다. 목줄을 맨 테리어종 사냥견과 나란히 걷고 있는 그의 모습은 한가하게 산책을 즐기는 전형적인 영국 시골의 대지주의 풍모였다.

그는 내가 갖고 있는 두 개의 기다란 파도낚시용 낚싯대를 넌지시 건너다보았다. 두 개 중 하나는 내가 늘 챙겨 다니는 여분의 낚싯대였다. 보트에 오르는데 그가 물었다.

"낚시를 하려는 거요? 혼자서?"

나는 고개를 끄덕이며 농담조로 말했다.

"같이 가시겠습니까?"

그는 잠시 생각에 잠겼다가 나를 바라보더니 물었다.

"친구가 필요한 거요?"

괜한 말을 꺼냈다 싶었다. 누군가와 낚시를 함께하고 싶은 생각은 전혀 없었다. 더구나 랍비는 내가 『탈무드』에 대해 아는 만큼도 파도낚시에 대해 아는 바가 없을 터였다. 하지만 이미 그를 청한 뒤였다.

"쉽지 않은 낚시랍니다. 바닷물을 뒤집어써야 하고 힘도 많이 들 거고요. 괜찮은 고기를 낚을 때도 있지만 한 마리도 잡지 못할 때도 있죠. 그래도 정말 해보고 싶으시다면……."

"무척 친절한 분이군. 옷을 갈아입고 올 테니 시간을 좀 주시겠소?"
그는 고상한 품위를 드러내며 말했다.
"그러죠. 어쨌든 저도 미끼를 준비해야 하니까요."
달리 방도가 없었다.

그가 떠나고 나는 보트에서 투망을 꺼내 미끼로 쓸 숭어 세 마리를 잡았다. 그리곤 뱃전에 앉아 그를 끌어들인 것을 후회하지 않으려고 애썼다. 해변에서 1~2킬로미터쯤 떨어진 파도가 모래톱을 쓸어대는 그곳을 랍비가 즐길 수 있으리라고는 상상할 수 없었다. 모든 것이 엉망이 되어버릴는지도 모른다. 어슬렁거리며 돌아다니는 상어가 그를 위협할 수도 있고, 바다쐐기풀이 그의 손을 불에 덴 것처럼 만들어버릴지도 모른다.

그를 기다리는 동안 나는 무심히 주위를 둘러보았다. 이제는 나 자신만큼이나 친숙해진 옥빛 바다와 진초록의 개펄, 조지아의 따가운 햇살과 온화한 하늘이 눈에 들어왔다. 우리가 타고 나갈 조그마한 보트는 마치 휘어진 섬유유리 조각처럼 작았지만, 녀석은 바다와 술래잡기하는 법을 완전히 터득하고 있었다. 낚싯대는 낡고 물때가 잔뜩 끼어 있었지만 릴 부분은 기름칠이 되어서 반들반들했다. 칠이 벗겨진 엔진은 얼마 있지 않아 슬픈 음조로 마지막 숨을 몰아쉬다가 멈춰버릴 게다. 그 모든 것들이 나와 동고동락해온 친구들이었다. 무슨 일이 생길 때마다 기꺼이 그들과 함께 아픔을 나누었고, 그러면 신기하게도 진정이 되곤 했다. 하지만 그날의 내 의식은 무척이나 무뎌져 있었다. 내 마음은 그들에게서 멀어진 것 같았다.

랍비는 소년처럼 잔뜩 기대를 안고 돌아왔다. 엔진이 털털거리며 돌아가고 보트는 꽁무니로 선명한 자국을 남기며 내달리기 시작했다. 바다가 시작되는 곳에서 우리는 거대한 첫 번째 파도를 옆구리에 얻어맞고는 물굽이 사이로 내몰렸다. 그리고는 척추가 얼얼할 정도의 두 번째 파도를 맞았다. 파도는 우리의 머리 위로 솟구쳤다가 부서졌다. 나는 속도를 늦추며 랍비를 바라보았는데, 그의 두 눈은 우리를 향해 쏟아지던 햇빛만큼이나 빛을 발했다. 나는 그의 입술을 읽어낼 수 있었다.

"놀랍군! 놀라워!"

그는 거듭 말했다.

너비가 50여 미터에 이르는 모래톱은 만조가 되어 물이 차오르자 자취를 감추어버렸고, 바다는 단단한 골격을 지닌 늑대처럼 어느새 동쪽 기슭을 먹어치웠다. 가끔씩 하얀 물거품 속에서 커다란 농어가 헤엄을 치는 것이 보였지만 순식간에 흔적도 없이 자취를 감추었다.

닻을 내리자 쇠로 된 이빨이 모래바다 깊숙이 파묻혔다. 뒤편으로는 멀리 지평선 위의 집들이 난쟁이처럼 작아져 실재하지 않는 듯이 보였다. 앞으로는 바다가 끝 간 데 없이 아프리카의 서쪽을 향해 뻗어 있었다. 넘실거리는 파도 너머로는 괴상하고 미련스럽게 고꾸라지면서도 화살촉처럼 예리하고 기민하게 물고기들을 찍어내는 펠리컨의 모습이 보였다.

보트에서 내리면서 랍비는 발밑에 펼쳐진 조각해놓은 듯한 모래사장을 감탄 어린 눈으로 내려다보았다. 나는 파도가 모래톱을 밀어내서 그런 모양이 만들어진 거라고 설명해주었다.

그는 고개를 천천히 끄덕였다.

"놀라워요! 그럼 이건 바다의 발자국이군요."

모래톱을 반쯤 건넜을 때 그는 환하게 웃으며 조개껍데기를 집어 들었다.

"세상에! 이 속에 아직 일출이 들어 있다오!"

나는 그런 조개껍데기들을 수천 번도 넘게 보았다. 하지만 그 순간 갑자기 어디선가 하얀 빛이 쏟아져 나오는 느낌이 들면서 긴장이 풀어졌다. 외로움이 사라지고 뭔지 모를 온화한 느낌이 밀려들었다.

우리는 파도가 뛰어오르는 곳까지 나아갔다. 낚싯바늘에 미끼를 끼우고 나서 그에게 미끼를 단 채로 낚싯대를 던지는 요령과 릴에 낚싯줄이 엉키는 아찔한 순간을 맞지 않으려면 엄지손가락으로 어떻게 릴을 누르고 있어야 하는지를 가르쳐주었다. 랍비는 참을성 있게 경청했다.

"제가 먼저 시범을 보여드리죠. 잘 보고 그대로 하시면 됩니다. 그리고 고기가 걸렸다 싶으면 이렇게 천천히 뒤로 당기면서 해변으로 끌어내야 하는데, 끌어낼 땐 낚싯줄이 끊어지지 않도록 주의해야 하지만 계속 힘을 줘야 한다는 걸 잊지 마세요."

물길이 무릎을 따뜻하게 감싸며 휘돌았다. 추와 낚싯바늘이 긴 포물선을 그리다가 바닷물 속으로 사라졌다. 나는 낚싯대를 그에게 건네주고 옆으로 자리를 옮겨 내 낚싯대를 잡았다. 주위가 잠잠해지자 바람

소리와 물결이 찰싹이는 소리, 물거품이 이는 소리, 새들이 끼룩거리는 소리가 낮게 들려왔다.

그를 흘낏 바라보면서 새삼스레 인간의 본질을 탐구하는 랍비라는 존재에 대해 생각했다. 그에게는 지극히 단순하면서도 깊은, 그래서 쉽게 감지할 수 없는 뭔가가 있었다. 그의 몸은 밀어닥치는 파도에 맞서 버티고 있었지만, 눈길은 은색의 기류를 타고 나는 갈매기 한 마리를 좇았다. 덕분에 그의 낚싯대 끝은 거의 물에 잠길 정도로 내려져 있었다. 그건 형편없는 낚시꾼이나 저지르는 짓이었다. 소리를 쳐봐야 소용이 없었다. 파도가 내 목소리를 삼켜버렸다.

시간이 꽤 흘렀다. 랍비는 어색한 솜씨로 겨우 한두 번 낚싯대를 던졌을 뿐이었다. 서서히 밀물이 들어왔다. 우리는 곧 떠나야 했다. 그때 랍비가 고개를 절레절레 흔들며 다가왔다. 그는 걱정 어린 얼굴로 낚싯대를 물 밖으로 끌어냈다. 릴에 낚싯줄이 심하게 엉켜 있었다.

"풀 수가 있겠소?"

나는 그에게 내 낚싯대를 건네주고는 그것을 건네받았다. 희망이 없었다. 날카로운 칼이 아니고서는 풀어낼 재간이 없었다. 수술을 하듯 시간과 공을 들여야 했다. 그런데 그렇게 말하던 바로 그 순간 세계가 변해버렸다. 랍비의 손에 들려 있던 낚싯대가 부르르 떨리며 휘어진 것이다. 릴이 날카로운 소리를 질러댔다. 그의 얼굴에 충격과 놀라움이, 믿을 수 없음과 감탄이, 갖가지 표정들이 뒤섞이고 있었다. 커다란 농어가 걸려든 것이다. 단지 한 마리의 물고기가 낚시에 걸려든 것이 아니었다. 그것은 바다 전체가 걸려든 것과 같았다.

랍비는 낚싯대를 무섭게 거머쥐었다. 팔은 딱딱하게 굳고 눈은 활짝 열렸다. 물고기는 한차례의 필사적인 몸부림을 끝내고 잠잠해진 상태였다. 60여 미터 밖에서 거대한 청동색 꼬리를 뒤척이며 물길이 사납게 소용돌이를 치며 밀려드는 것이 보였다. 랍비는 고기를 낚아채면서 해변으로 끌어가려고 애썼다. 하지만 5미터쯤 끌고 가는가 싶으면 10미터를 도로 끌려 들어갔다. 농어는 순식간에 방향을 틀기도 하고 그를 향해 정면으로 달려들기도 했다.

바다는 그의 무릎을 바짝 끌어안았다. 그 힘은 10킬로그램 정도의 무게로 등을 떠미는 것 같을 것이다. 갑자기 그 무게가 풀어지면 그 다음은 뻔했다. 아니나 다를까 랍비가 뒤로 벌렁 자빠졌다. 순식간에 바닷물이 그를 덮쳤고 낚싯대가 사라졌다. 랍비가 보이지 않았다. 바다 위에는 아무것도 없었다.

하지만 내가 손을 쓰기도 전에 그는 곧 물거품을 털어내며 몸을 일으켰다. 그가 쓰고 있던 모자가 보이질 않았다. 바닷물이 그의 웃옷 주머니에서 주르르 쏟아져 나왔다. 그는 낚싯대를 찾기 위해 물속을 더듬어댔다. 줄이 느슨하게 풀린 틈을 타 농어가 끌고 가버렸다면 낚싯대를 찾을 수는 없을 것이다. 하지만 그는 낚싯대를 들어올렸다. 릴은 모래가 끼고 짠물에 젖어 끽끽거리는 쇳소리를 냈다. 농어도 여전히 거기에 매달려 있었다.

그는 버텨냈고 큼직한 전리품을 포획했다. 낚싯줄은 커다란 낫이 움직일 때 나는 소리를 울려댔다. 랍비는 파트너에게로 고개를 돌리고는 의기양양하게 낚싯줄을 잡아당겼다. 그렇지만 그는 해변에서 더 멀어져 있었다. 그에게로 가서 어깨를 잡아끌어 방향을 되돌려놓아야만 하는 상황이었다.

나는 아무것도 하지 않았다. 그저 기다리고 지켜보고 희망했다. 낚싯바늘과 목줄이 끊어지지 않기를, 그 남자가 물고기보다 오래 버텨낼 수 있기를. 나는 두 번이나 물 표면 아래서 격렬하게 휘도는 반경 15미터 가량의 적갈색 소용돌이를 보았다. 나는 어린아이처럼 소리를 지르고 손뼉을 쳐댔다. 몽롱한 안개가 내 머리와 가슴에서 피어올랐다. 랍비에게는 태어나 처음으로 경험하는 일일 것이다. 너무도 새롭고, 놀랍고, 눈부신!

머리를 아래로 떨어뜨리고 등을 잔뜩 구부린, 여전히 달아나려고 몸부림을 치는 엄청나게 큰 농어의 모습이 마침내 파도의 어깨 위로 드러났다. 흥분에 휩싸인 랍비는 낚싯대를 충분히 끌어당기지 못했고, 낚싯대 끝이 물고기와 일직선이 되어버렸다. 나는 조심하라는 소리를 숨이 차도록 외쳐댔다. 그러나 늦었다. 농어는 거대한 꼬리를 모래바닥을 향해 내던지며 방향을 틀었다. 낚싯대에는 충격을 흡수할 만한 스프링이 있을 리 없었다. 하프의 줄이 끊어지듯 '팅!' 하는 소리가 들리더니 낚싯대의 목줄이 끊어지고 말았다. 물보라가 다이아몬드처럼 번쩍였다. 농어가 보이지 않았다.

나는 침묵에 휩싸인 채 한참이나 서 있었다. 내게로 다가온 랍비는 물에 흠뻑 젖은 채 와들와들 떨어댔다. 하지만 그의 눈에는 패배감도 실망도 없었다.

"놀라워! 대단해!"

그는 이렇게 말하면서 내 어깨 위에 한 손을 올렸다. 얼마나 지쳐 있는지가 느껴졌다.

"수고하셨어요. 이제 집으로 돌아가야죠."

나는 조용히 말했다.

모든 것이 꿈처럼 우리들 뒤편, 태양과 바다, 모래와 하늘로 사라져 갔다. 우리는 보트를 정박해놓은 곳으로 왔다. 우리는 새로운 친구가 되어 해변으로 돌아왔고 새삼스레 인사를 나누었다.

"감사하오. 내 인생에서 가장 멋진 아침이었소."

"고맙습니다."

나는 낮은 소리로 우물거렸다.

나는 그가 모래언덕을 넘어 길을 따라 걸어 오르는 것을 지켜보았다. 그리고 그가 남겨놓은 말들을 떠올렸다. 바다의 발자국, 조개껍데기 속의 일출……. 그 말들 속에 숨겨진 비밀이 무엇인지를 알 것 같았다. 그는 앞을 바라보거나 뒤를 돌아보는 일 따위에는 관심이 없었다. 그는 과거의 일을 후회하지 않았고 미래를 두려워하지 않았다. 그는 실체를 파악할 수 있는 지금 이 순간, 실재와 맞닿아 있는 한 지점, 바로 현재를 살고 있었던 것이다.

그때 나는 어느 랍비가 한 말을 기억해냈다.

'그러므로 내일 아침 무엇을 할까 염려하지 마라.'

나는 낚싯줄이 엉켜 붙은 릴을 집어 들었다. 그리곤 얽힌 줄들을 칼로 잘라냈다. 줄들이 후드득 떨어졌다. 제법 떨어져 나갔는데도 여전히 많은 양의 낚싯줄이 남아 있었다.

나는 보트를 정리했다. 그리곤 집으로 돌아왔다. 나를 필요로 하는 시간들로, 사랑과 일과 친구들에게로, 나를 기다리는 가족에게로, 그리고 기적과도 같은 '여기'와 '지금'으로.

받아들임의 미덕

몇몇 사람은 놀라운 재능을 갖고 있다. 평온함, 정신력, 관대함…….
그 어떤 것이든 당신이 혼란에 빠져 있거나 고통스런 문제를 안고 있을 때, 당신의 몸은 본능적으로 그들을 향한다. 그들에게 있는 무언가가 자석처럼 당신을 끌어당기는 것이다. 내게도 그런 사람이 하나 있었다. 알 수 없는 뭔가가 내 마음을 묵직하게 누르던 어느 날 밤 나는 그에게 전화를 걸었다. 그가 말했다.

"이리로 오게나. 앨머는 벌써 꿈나라로 갔고 난 지금 막 커피를 끓이고 있었다네."

나는 한 시간쯤 차를 몰아 그에게로 갔다. 예상했던 대로 가는 동안 벌써 나는 기분이 좋아졌다. 문제는 여전히 내 안에 남겨져 있었지만, 그것이 그다지 겁이 나지는 않았다.

켄은 낡은 회전의자에 앉아 있었다. 두 발을 책상 위에다 올려놓고

두 손은 깍지를 낀 채 뒷머리를 받치고서 아무런 말도 하지 않은 채 그냥 듣기만 했다. 그랬다. 그건 나를 보살펴주는 것이었다. 갑자기 나는 그에게 고마움과 사랑을 표현하고 싶어졌다.

"켄, 당신은 정말 대단해요. 내 마음에 잔뜩 잡혀 있던 주름이 쭉 펴지는 것 같거든요. 어떻게 된 일이죠?"

그의 얼굴에 떠오르는 미소는 눈에서 시작되는 것 같았다.

"난 자네보다 나이가 아주 많지."

그가 말했다. 나는 고개를 가로저었다.

"나이는 아무 상관없잖아요. 당신의 마음은 너무도 고요해서 깊이를 알 수 없어요. 대체 얼마나 깊은 거죠?"

한동안 그는 뭔가 해주고 싶은 말이 있는 것처럼 깊이 생각하는 표정으로 나를 바라보았다. 이윽고 책상에 얹어놓았던 발을 내리고는 서랍 하나를 열었다. 그가 서랍에서 꺼낸 것은 조그마한 종이상자였다. 그는 나무로 된 압지대押紙臺 위에다 그것을 놓았다.

"나에게 만약 자네가 얘기하는 그런 자질이 있다면, 그건 아마도 여기서 비롯된 걸 거야."

벽난로의 선반 위에 놓인 시계의 째깍거리는 소리가 들릴 만큼 방 안은 조용했다. 켄은 테두리가 까만 파이프를 하나 집어 들더니 담배 가루를 채웠다.

"우리가 얼마나 오래 알고 지냈지? 10년? 12년? 이 상자는 그보다 훨씬 더 오래된 거라네. 난 30년 넘게 이 상자를 가지고 있었지. 나 말고 이 안에 뭐가 들어 있는지를 아는 사람은 앨머뿐일 거야. 어쩌면 그녀도 잊어버렸을지 모르겠군. 난 이따금 이걸 꺼내보곤 한다네."

성냥불을 켜자 연기가 램프 불빛을 적시며 푸르게 말려 올라갔다. 켄의 목소리는 아득히 먼 곳에서 들려오는 것 같았다.

"1920년대로 돌아가볼까? 나는 뉴욕의 성공한 청년이었지. 빌어먹을 성공! 난 순식간에 돈을 벌었고, 그보다 더 빨리 써버렸지. 난 사교계의 총아였어. 난 누구보다 더 빠르고 깊이 생각할 수 있었고, 누구보다 빠르고 깊이 마셔댈 수가 있었지. 예쁘고 화사하다는 이유만으로 난 앨머와 결혼을 했어. 그녀를 사랑해서가 아니었지. 난 누구도 진정으로 사랑할 수 있다고 생각진 않았어. 누군가 내게 지극한 존경심을 표하는 것 정도야 가능했겠지만……"

나는 눈을 휘둥그레 뜨고는 그를 노려보았다. 그의 입에서 흘러나오고 말을 곧이곧대로 믿을 수가 없었다.

"내가 좀 혐오스럽지? 결국 징벌의 날이 다가왔어. 대단한 날이었지. 월가의 붕괴를 경험해보지 못한 사람은 그때 무슨 일이 일어났는지를 상상할 수 없을 거야. 그래도 일주일 동안은 여전히 백만장자였지. 어쨌든 증권거래소의 서류상으로는 말이야. 하지만 그 다음 날부터 난 거지로 전락했어. 내 모습은 예상했던 대로였어. 사흘을 꼬박 술에 취해 있었지."

그는 짧게 폭소를 터뜨리고는 자리에서 일어나 뻣뻣한 머리칼을 손으로 쓸어 넘겼다.

"자기연민이라는 이 하잘것없는 술판을 벌이기 위해 내가 선택한 곳은 해변의 오두막이었다네. 내 신세가 바닥으로 곤두박질치기 전에 사둔 곳이었지. 앨머는 나와 함께 있기를 원했지만 난 혼자 있고 싶었다네. 모든 것으로부터 떠나고 싶었고 눈이 멀 때까지 마셔댈 작정이었지.

술이 점점 깨기 시작하면서 드디어 그 시간이 다가왔다네. 알코올 중독이란 건 정말 끔찍한 경험이야. 자기혐오에 짓눌리고 절망이 온몸을 지배해버리니까. 거울을 봤더니 시뻘건 눈동자에 사흘이나 깎지 않은 수염투성이 몰골이 가관이었어. 남자로도 남편으로도 한 인간으로도 완전한 패배자였어. 내 인생은 완전히 혼란에 빠져버렸지. 앨머를 위해, 그리고 누가 되었건 그 모든 이들을 위해 내가 할 수 있는 최선은 이 세상 풍경으로부터 영원히 나 자신을 지워버리는 거라는 생각이 들더군. 그건 거의 확신에 가까웠어.

더구나 난 어떻게 나를 지워버릴 것인지 그 방법을 알고 있었지. 돌풍이 불어왔어. 파도가 거칠게 오르내렸지. 내가 갈 수 있는 한 멀리 다시는 돌아올 수 없는 곳까지 헤엄을 쳐가리라고 생각했어. 그것만이 모든 것을 위하는 길이었으니까."

켄이 물고 있던 파이프는 불이 꺼져 있었다. 그는 파이프를 책상 위에다 올려놓고는 삐걱거리는 낡은 의자에 몸을 실었다.

"그런 결정을 내린 사람은 빨리 끝내자는 것, 오직 그것만 생각하게 되는 법이지. 허비할 시간이 없었어. 난 현관 계단에 걸려 곤두박질을 치고, 모래바닥에 걸려 자빠지면서 바다를 향해 비틀비틀 걸어갔다네. 새벽이 막 지나고 하늘이 분노를 터뜨리듯 붉게 물들고 있었지. 파도가 으르렁거리며 몰려오더군. 난 물길을 향해 곧장 걸어갔어. 그런데 바닷물에 닿았을 때 모래 위에서 뭔가 반짝였어."

그렇게 말하고는 그는 종이상자를 열었다.

"바로 이거였지."

상자 속에는 조개껍데기가 하나 들어 있었다. 그다지 특별해 보이지 않는 평범한 것일 뿐이었다. 그런 거라면 나는 수없이 보아왔다. 타원형의 좁다란 홈이 파인 딱딱하고 파리하고 깨끗하고 연약해 보이는 조개껍데기.

켄은 이야기를 계속했다.

"난 그 자리에 선 채로 한참이나 내려다보다가 주워들었지. 물에 젖어 반짝거리는 그걸 말이야. 너무나 연약해서 조금이라도 손가락에 힘을 주면 곧 부서져버릴 것만 같았어. 하지만 아무런 손상도 입지 않고 여기 있는 이 모습 그대로 거기에 놓여 있었다네.

어떻게 그럴 수 있을까? 이 물음이 내 마음을 꽉 부여잡았어. 나를 둘러싸고 있던 바람이 요란한 소리를 내고 바다는 거칠게 울어댔지. 엄청난 양의 바닷물이 소용돌이치며 딱딱하게 다져진 모래 위로 몰아쳤을 텐데 어떻게 이 조개껍데기는 무사했을까? 만약 나뭇조각이었다면 산산이 조각이 나버렸을 테지. 하지만 이건 부서지지 않았어.

무엇이 이 조개껍데기를 온전히 지켜준 것일까? 난 나 자신에게 묻고 또 묻고 정신이 아득해질 때까지 물었지. 그러다 갑자기 난 그 답을 알아냈어. 그건 내려놓았기 때문이었다네. 자신을 향해 몰아치는 모든 광포한 힘에게 자신을 완전히 맡겨버린 거야. 태초의 깊디깊은 고요를 받아들이듯 폭풍우를 받아들였던 거야. 그래서 살아남았던 것이지.

얼마나 더 오래 거기에 서 있었는지 기억나지 않지만, 내 손에는 그 조개껍데기가 쥐어져 있었고 그때부터 지금까지 나와 함께 있다네."

종이상자를 건네받은 나는 그 조개껍데기를 손바닥에 올려놓았다. 꽤 오랜 시간 손길이 닿지 않은 그 조개껍데기는 깃털처럼 가벼운, 정교하게 세공된 보석과 같았다.

"이 조개껍데기의 이름을 아시나요?"

내 물음에 켄이 특유의 느릿한 미소를 지어 보이며 말했다.

"그럼, 천사의 날개."

4

깨달음의 순간
표현할 수 없는 놀라운 세계가 있다

위대한 영혼의 소유자들은 항상 경이로움의 가치를 강조해왔다.

독일의 철학자 임마누엘 칸트는 이렇게 썼다.

"마음을 채우는 두 가지는 나날이 커가는 경이와 외경이다. 머리 위에는 별이 반짝이는 하늘, 내 마음에는 도덕률을!"

앨버트 아인슈타인은 또 이렇게 말했다.

"우리가 경험할 수 있는 가장 아름다운 것은 신비로움이다."

영국의 사상가 토머스 칼라일은 경이로움이 없다면 존경할 수도 없다고 했다.

말로 표현할 수 없이 놀라운 세계에 살고 있다는 이 단순한 사실을 우리는 어떻게 우리들 마음의 맨 앞자리에 세워놓을 수 있을까? 이것은 쉬운 일이 아니다. 일상은 우리의 눈과 귀를 둔하게 만들고, 반복과 익숙함은 경탄의 능력을 흐릿하게 만든다. 그럼에도 불구하고 모든 것이 갑자기 신선해지고 새롭고 놀라워지는 순간들이 닥쳐온다.

그 순간을 깨달았을 때 다가오는 기쁨은 우리에게 가장 행복한 시간을 선사해준다. 우리는 그것을 기꺼이 받아들이고 감사해야 한다.

영국의 계관시인 존 매스필드John Masefield가 썼던 다음과 같은 구절이 그 이유다.

"행복을 느끼는 순간, 우리는 현명해진다."

별이 쏟아지던 밤

어느 여름 밤, 해변의 오두막 침대에 누워 있던 조그만 소년은 자신의 몸이 저절로 일으켜지는 것을 느꼈다. 잠에 취해 있던 그는 어머니가 뭐라고 중얼거리는 소리와 아버지의 웃음소리를 들은 것 같았다. 그는 아버지의 팔에 안긴 채 꿈이 빠르게 지나가고, 현관 계단을 내려서서 해변으로 가고 있다는 확신이 들었다.

머리 위로는 별들이 밤하늘을 가득 수놓고 있었다.

"저길 봐!"

아버지가 말했다. 그 순간 수많은 별들 중의 하나가 움직였다. 믿을 수 없는 일이었다. 그 별이 황금빛 불꽃으로 된 꼬리를 끌며 하늘을 가로질렀다. 놀라움이 채 가시기도 전에 또 다른 별 하나가 바로 그곳에서 떨어졌고, 다시 또 하나의 별이 파도가 일렁이는 바다를 향해 곤두박질을 쳤다.

"저게 뭐예요?"

아이가 조그만 소리로 물었다.

"유성이라는 거란다. 해마다 8월이면 어느 날 밤에 유성이 나타나지. 어때, 멋지지?"

아버지가 말했다.

전혀 예상하지 못한 순간에 내 마음을 사로잡았던 신비롭고 아름다운 뭔가를 잠깐 보았다는 것, 내가 기억하는 것은 그것뿐이다. 하지만 침대로 돌아와 오랫동안 어둠을 응시하던 아이는 세상이 별들이 떨어지는 침묵의 음악으로 가득 차 있다는 사실에 사로잡혔다.

그로부터 수십 년의 세월이 흘러갔지만 나는 아직 그 밤을 기억하고 있다. 어린아이에게는 하룻밤의 달콤한 잠보다 그런 경험이 더 소중하다고 굳게 믿었던 아버지를 가진 운 좋은 일곱 살 소년이었기 때문이다. 유년시절에 가지고 놀던 장난감은 대부분 기억에서 사라졌지만 여전히 생생하게 남아 있는 것은 별들이 쏟아지던 그 밤과 기차 화물칸 뒤편의 승무원 전용칸에 타고 갔던 일, 악어의 가죽을 벗기려고 애쓰던 일, 진짜 작동이 되는 전신기를 만들었던 일 들이다. 우리들이 찾아낸 뱀가죽, 조개껍데기, 꽃, 화살촉 같은 이상하면서도 아름다운 전리품들을 전시해놓았던 현관 마루의 상패 탁자 역시 내 기억의 창고에 소중히 간직되어 있다.

나는 내 인식을 넓혀주고 진실로 내 삶을 바꾸어놓았던, 침대맡에 놓여 있던 책들을 기억한다. 한번은 아버지가 맥스 비어봄의 소설 『줄라이카 돕슨』을 내게 주셨다. 옥스퍼드 대학에서의 생활을 기술한 고전적인 이야기였다. 너무 좋았다고 했더니 아버지는 무덤덤하게 말씀하셨다.

"너도 거기에 가면 되잖니."

그리고 몇 년이 지나, 나는 운 좋게도 장학금을 받고서 그곳에 가게 되었다.

아버지는 당신의 자식이 새로운 세계를 받아들일 수 있도록 놀라울 정도로 활짝 문을 열어놓으셨다. 한 어린아이의 세계를 넓혀주는 이런 신비로운 기술은 반드시 엄청난 시간을 요구하는 것이 아니다. 그것은 단지 어린아이에게 뭔가를 해주거나 그들에게 뭔가를 시키는 것이 아니라, 그들과 함께 뭔가를 함으로써 얻어진다. 내가 아는 한 여성은 "왜 안 하는 거야?"라는 제목을 붙인 공책을 가지고 있다. 그녀는 거기에다 온갖 기발하고 매력적인 제안들을 시간이 날 때마다 끼적거리곤 한다.

'왜 농장을 찾아가서 젖소의 젖을 짜보지 않아?'

'예인선을 운전해볼 생각은 왜 안 하는 거지?'

'준설기를 가지고 강바닥을 훑어볼 생각은 없나?'

'상어 이빨 화석을 찾아볼 생각은 왜 안 했을까?'

그런 것들이 공책에 쓰여 있다.

어느 날 나는 그녀에게 그런 아이디어는 대체 어디서 나오는 거냐고 물어보았다.

"오! 나도 모르겠어요. 하지만 어렸을 적에 이런 기막힌 생각들을 잔뜩 하던 삼촌이 한 분 계셨는데……."

그녀의 삼촌이 바로 그녀에게 문을 활짝 열어준 분이었다. 자녀들에게 그녀 자신이 그러하듯.

우리에겐 기가 막힌 고모도 한 분 계셨는데, 그녀는 순간순간 번뜩이는 생각들을 펼쳐 보임으로써 끔찍한 일상의 먼지를 일시에 날려버리는 천재였다.

"물구나무서기할 줄 모르지?"

고모는 우리들에게 그렇게 묻곤 했다.

"난 할 수 있단다!"

그러곤 고모는 무릎 사이에다 치마를 말아 넣고는 물구나무를 섰다.

"오늘 오후에 우리 뭐할까?"

고모는 큰 소리로 묻고는 우리가 대답을 하기도 전에 당신이 먼저 답을 내놓았다.

"우리의 점괘가 말하고 있다!"

그렇게 말하는 순간 마법의 문이 열리듯 늘 새로운 차원의 경험이 우리에게 나누어졌다. 그랬다. 우리의 키워드는 바로 나누어 가짐, 즉 '공유'였다.

이러한 일탈 행위들을 경험하면서 감수성이 예민한 우리들은 전혀 예기치 못한 성격을 드러내고, 그럼으로써 스스로에 대해 더 깊이 알게 되었다. 한번은 모험심 강한 고모가 우리더러 망아지에 타보라고 했다. 문제는 그 망아지가 겁이 많다는 사실이었다. 세 번째까지 그럭 저럭 넘긴 다음에 차례가 돌아오자, 남동생은 눈물까지 흘리면서 이런 이상한 동물에 올라타는 건 너무 어렵다며 발버둥치기 시작했다. 고모는 조용하게 말씀하셨다.

"만약 그게 아주 쉽다면 말이다, 무슨 재미가 있겠니?"

평범한 이 말이 내 기억 속에 또렷하게 남아 있다.

한 어린아이에게 가장 쉽게 열리는 문은, 자기 자신을 사랑하도록 만드는 뭔가를 향해 있는 문이다. 모든 훌륭한 스승들이 이를 알고 있으며, 그들은 이것이 결국 어떤 결과를 가져올 것인지도 알고 있다. 당신 자신을 환하게 비추어줄 불꽃이 점화되는 그 놀라운 순간을 말이다.

몇 해 전, 미국 골프협회 토너먼트에서 열 살짜리 댕기머리 소녀가 주니어부에서 놀라운 실력을 발휘했다. 누군가가 물었다.

"언제부터 골프에 흥미를 가졌니?"

"아홉 살 생일 때부터요."

"그날 아빠가 골프채를 선물로 주셨구나?"

"아뇨. 그날 아빠가 제게 주신 건 골프였어요."

소녀가 침착하게 말했다.

마법 왕국의 소유자는 자신의 아이들이 그 마법의 왕국을 소유하기를 원한다. 노력을 기울이고, 참고 견디며, 열정이 고스란히 옮겨질 수 있다면 언젠가 그렇게 되리라는 건 자명한 일이다. 얼마나 멋진 결과가 기다리고 있을 것인가! 이것은 음악이나 천문학, 화학, 혹은 나비 수

집을 비롯한 이 세상 모든 분야에 똑같이 적용된다.

아이들은 본래 꼬치꼬치 캐묻기를 좋아하고 새로운 시도를 해보기를 좋아한다. 하지만 그들 스스로 그런 걸 발견할 수는 없다. 누군가 그들에게 기회를 주어야만 한다. 몇 해 전 한 퀴즈쇼에 출연한 어린 천재들이 미국의 라디오 청취자들을 깜짝 놀라게 한 사건이 있었다. 그 프로그램의 작가는 이 특별한 아이들의 성장 배경에 공통적인 무엇이 있음을 발견했다. 몇몇은 불우한 가정에서 자랐고, 몇몇은 부잣집 아이들이었다. 또 몇몇은 최상의 교육을 받았지만 몇몇은 전혀 그렇지가 못했다.

작가가 조사한 모든 것들 가운데서 단 하나, 부모가(혹은 부모 중의 한 사람이) 그 아이와 함께 열정을 나누어 가졌다는 사실이 공통적으로 발견되었다. 그들은 아이가 흥미로워하는 분야를 찾아보고, 아이가 이룬 성취에 대해 격려하고 칭찬했으며, 아이와 함께 문제를 내고 답을 찾는 게임을 했고, 아이가 배울 수 있는 것을 찾아 집 밖으로 나갔던 것이다. 아이들이 보여준 놀라운 성과가 이미 그런 과정들 속에서 다 이루어졌음은 더 말할 필요가 없을 것이다. 그리고 그것을 가능하게 한 것은 바로 부모가 보여준 사랑과 관심, 그리고 '함께하는 정신'이었다.

최근 이웃 한 분이 방학을 맞아 조그만 아이 둘을 산으로 데려갔다. 첫날 새벽, 아이들이 그를 깨우더니 뭘 찾으러 가겠다고 난리를 쳤다. 아이들을 달래서 도로 재우겠다며 진땀을 쏟다가 하는 수 없이 옷을 주섬주섬 껴입고는 아이들을 데리고 길을 나섰다. 그들이 쉬어 가려고 샘물가에 조용히 앉았는데 암사슴과 어린 새끼 사슴이 물을 마시러 내려왔다.

그가 말했다.

"막내아이의 얼굴을 봤어요. 그런 얼굴은 정말이지 처음이었어요. 고요한 숲과 물 위에 어린 안개, 사랑스런 사슴의 우아하고 부드러운 자태와 모든 살아 있는 것들에게서 친밀감을 느끼던 아이의 표정은 단지 몇 초 만에 사라져버렸지만, 그때 얻은 행복감은 대단했어요. 그건 싸워서 얻어지는 것도 아니고 누군가에게서 빼앗을 수 있는 것도 아니죠. 단지 존재에 대한 아름다움과 조화를 깨닫는 일이었어요. 전 제 자신에게 말했죠. 내 마음 안으로 조심스럽게 들어온 이 순간을 기억하자라고 말입니다. 언젠가는 그것들을 꺼내서 다시 힘을 얻고 평화를 얻게 될 테니까요."

아이들에게 새로운 경험을 선사해준 그 또한 자신을 향해 문을 활짝 연 사람이었다.

정신과 의사인 친구는 인간은 근본적으로 두 가지 종류가 있다고 했다. 삶을 '특권'이라고 생각하는 사람과 삶을 '문제'라고 여기는 사람. 삶을 특권이라고 생각하는 사람은 열정적이고 에너지가 넘치며 반항적이고 도전정신이 강하다. 반면에 삶을 문제로 여기는 사람은 의심하고 주저하고 억제하며 매사에 자신을 의식하는 사람이라고 했다. 첫 번째 인간형에게 삶은 희망적이고 흥미의 대상이지만, 두 번째 인간형의 삶에는 뭔가가 항상 잠복해 있다는 거였다. 친구는 이렇게 덧붙였다.

"어떤 유년시절을 보냈는지 말해봐. 그러면 네가 어느 그룹에 속한 사람인지를 알려줄 테니까."

어린아이들에게 '문'을 열어주는 진짜 목적은 그들을 바꾸거나 놀라게 하려는 것이 아니다. 그 목적은 미묘하면서도 엄청난 노력을 요구하는 삶에 대해 열정적이고 우호적인 태도를 갖도록 하는 것이다. 우리가 다음 세대에게 물려줄 가장 값진 유산은 돈도 집도 가보도 아닌 경이감과 감사할 줄 아는 능력, 생동감과 기쁨이라는 감각이다. 우리는 왜 그것들을 가지기 위해 더 열심히 노력하지 않는 걸까? 그 이유는 어쩌면 미국의 사상가 헨리 데이비드 소로가 말한 것처럼, 우리의 삶이 사소한 것들을 위해 모두 소진되어버렸기 때문일지 모른다. 그리하여 오늘 우리에겐 깨달음이나 이타심을 향한 에너지가 전혀 남아 있지 않은 것이다.

우리의 자녀들이 목표를 이룰 수 있도록 보살펴주는 부모의 문제는 바로 보살펴주는 그 행위 자체에 있다. 그 누구도 늘 맞이할 수는 없지만 기회란 언제든 다시 오기 마련이다.

하늘에서 별들이 쏟아지던 그 밤이 지나고 수많은 세월이 흘러갔지만, 지구는 여전히 돌고 있고 태양은 여전히 거기에 있으며 밤은 쉼 없이 흘러오고 흘러가는 바다 위를 지나간다. 한 해가 지나 다시 8월의 그날이 오면 또다시 별똥별은 쏟아질 것이고, 그때 내 아들은 일곱 살이 되어 있을 것이다.

경이로움의 공유

　수년 전 여름, 조그만 소년이 해변의 높다란 지붕이 있는 집에 살고 있었다. 그 집은 지붕이 무척이나 뾰족했는데 비바람에 씻긴 지붕널은 그 집 주변에서 가장 높이 솟아 있었다. 그 지붕의 꼭대기 바로 밑에는 들창이 하나 있었는데 다락방 마루와 연결된 사다리가 없으면 올라갈 수가 없었다. 간혹 다락방에서 놀기는 했지만 들창으로 기어 올라간 아이는 아무도 없었다. 너무 높은 곳이라 겁이 났기 때문이다.
　하지만 그 여름의 어느 날, 다락방에다 상자 몇 개를 가져다 놓으려던 소년의 아버지가 커다란 지붕 아래쪽에서 올려다보며 소년에게 말했다.
　"저기서 밖을 내다보면 더 많은 걸 볼 수 있을 텐데 왜 올라가보질 않는 거니?"
　소년은 흥분과 공포로 가슴이 심하게 요동치는 걸 느꼈다. 아버지는 이미 흔들거리는 사다리를 시험해보고 있었다.

"올라가거라. 아빠가 뒤따라갈 테니."

으스스한 어둠을 뚫고 위쪽으로 한 걸음씩 뗄 때마다 공포와 재미가 교차했다. 사다리를 오르는 동안 갈라진 틈 사이로 엷은 햇빛이 비쳐 들었다. 열에 푹 젖은 오래된 지붕널 냄새를 맡으며 거미줄이 잔뜩 뒤엉긴 들창까지 오르자 소년의 머리가 지붕 꼭대기에 닿았다. 아버지가 빗장을 벗기고 들창 뒤편으로 미끄러져 들어간 순간, 완전히 새로운 우주가 소년의 눈앞에 화려한 모습을 드러냈다.

거기에는 바다가 있었다. 단지 하나의 바다가! 거대하고 끝이 없으며, 햇빛 산산이 부서지는 그 바다는 어디에서 끝이 나는지 알 수 없는 곡선을 이루었다. 땅은 겨우 손바닥만 했고 하늘은 그 바다와 팽팽히 맞서고 있었다. 아래로는 나무의 꼭대기가 마치 거꾸로 서 있는 것처럼 보였다. 비행하고 있는 갈매기의 등도 보였는데 상상했던 것과는 전혀 다른 모양이었다. 모래언덕으로 난 눈에 익은 길도 실처럼 가느다랗게 보일 뿐이었고, 파도의 격렬한 움직임도 그저 흐릿하게 빛을 낼 뿐이었다. 멀리 바다로 흘러드는 강 위에는 장난감 같은 배가 떠 있었다. 아버지의 팔에 안긴 채 드넓은 수평선을 바라보고 받은 충격은 너무도 새롭고 놀라워서 그 무엇과도 비교할 수 없었다. 무한히 길게 뻗어 있던 그 바다의 모습을 다시는 볼 수 없을 것 같았다.

수십 년의 세월이 흘러간 지금, 어린 시절의 온갖 소소한 시도와 작은 승리들은 대부분 내 기억에서 사라졌지만 그 지붕 밑 다락방에서의 순간만은 마치 어제 일처럼 또렷하다. 그리고 아버지의 날이 다가올 때면 언제나 그 기억을 떠올리곤 한다. 이제 아버지의 날은 그저 감상을 자극하는 상업적 기념일로 변해버렸지만 나는 그 진정한 의미를 그때 느낄 수가 있다. 진짜 아버지의 날은 단지 내 기억 속에만 존재한다. 행복한 아이, 혹은 향수병에 젖은 어른의 기억 속에 마법과도 같이 살아 있는 그날은 내 마음의 현弦을 울리며, 세대 간의 거리를 훌쩍 뛰어넘어 따뜻하고도 깊게 스며든다. 단지 한순간에 불과할지라도.

아버지는 여러 해 전 돌아가셨지만 해마다 아버지의 날이면 예전처럼 돌아오신다. 아버지와 가까이 있고 싶을 때면 언제나 나는 이렇게 시작하는 주문을 외운다.

"우리가 함께했던 시간으로……."

그 시간들 중의 하나가 바로 어린 소년의 다락방 체험이다. 10대 때의 추억도 물론 내가 외우는 주문들 중의 하나다. 누군가에게는 아무것도 아니겠지만 그 모든 것들은 내게 똑같이 소중하다. 뭔가 새로운 것을 찾아내고, 찾아낸 그것에 놀라워하며, 그 놀라움을 함께 나누어 가지는 것!

미 해군이 나포해 항구로 이송해온 독일의 대형 잠수함 유보트를 구경하러 갔을 때가 기억난다. 아버지와 나는 기름과 전쟁과 밀실공포증과 죽음의 서늘한 냄새를 맡으며 미로와도 같은 통로를 기어서 내려갔다. 바다 깊은 곳에서 아무런 경고도 없이 공격해오던 독일의 살인마들을 왜 구해주었냐고 어떤 관람객이 아버지에게 심각하게 물었다. 내 기억이 정확하다면, 그때 아버지는 그들 역시 전쟁이라는 덫에 걸려 있었던 용감한 사람들이었다고 말하며 세차게 고개를 흔들었다. 그것은 질문한 사람에게는 달가운 대답이 아니었겠지만 소신 있는 발언이었고, 나는 무척이나 자랑스러웠다. 마치 갑작스럽게 치른 시험을 깨끗하게 통과한 기분이었다.

동굴 탐험에 나섰던 때의 기억도 난다. 우리는 지하 깊은 곳에서 손전등이 망가지는 바람에 꼼짝없이 고립되고 말았다. 어둠과 적막이 얼마나 깊었던지 마치 아무것도 존재하지 않는 태초의 시간 속에 놓여 있는 것 같았다. 얼마쯤 지난 뒤 아버지의 나직한 음성이 들려왔다.

"귀를 기울여봐! 산의 숨소리가 들릴 거야."

나는 온 힘을 다해서 귀를 기울였다. 침묵이 만들어내는 소리가 기막힌 리듬으로 나를 사로잡았던 그날이 아직도 잊히지가 않는다.

아버지는 아이들을 위해 일부러 당신만의 '아버지의 날'들을 만들어준 것일까? 그렇지는 않을 것이다. 아버지는 의도적으로 가르치고, 우리에게 어떤 영감과 깨달음을 주려 하지는 않았다. 아버지는 그저 자신의 호기심을 만족시키면서 우리가 함께하도록 해주었을 뿐이다. 뭔가를 발견하고 놀라워하는 아버지 자신의 감각을 만끽하면서 동시에 그것을 우리도 함께할 수 있도록.

이것이 아버지의 날이 만들어진 진정한 이유가 아닐까 싶다. 부모들은 종종 기념일을 기억하지 못한다. 부모들에게 기념일은 그저 '어느 하루'에 불과한 것이다.

얼마 전 우리 가족들은 돌고래(때로는 새끼 고래)를 훈련시켜서 놀라운 볼거리를 제공하는 해양 시설을 방문했다. 나는 고래에 완전히 매료되었다. 공연이 끝난 뒤에도 아쉬움이 남아서 조련사에게 고래를 어떻게 잡았는지, 무얼 먹이는지 등을 물어보았다. 그는 친절하게 답을 해주고 직접 고래를 공연장 가장자리로 불러내서 보여주기까지 했다. 우리는 고래의 몸을 직접 두드려보기도 했는데, 반짝거리는 검정 고무가 물에 젖은 것 같은 고래의 등은 부드러우면서도 아주 단단했다. 기분이 좋았던지 고래는 갑자기 커다란 머리통을 물 밖으로 들어 올리더니 돌층계에 몸을 얹었다. 그러고는 가까이에 있던 여덟 살짜리 딸아이를 불그레한 눈으로 다정하게 바라보았다.

"너하고 코를 비비고 싶은 게 분명해."

내 말을 듣고 딸아이는 재미있어 하면서도 좀 놀라서 선뜻 나서지 못했다.

"그렇게 해봐. 고래도 그러려고 할 거야."

조련사가 마음씨 좋은 목소리로 말했다.

전기가 물에 닿은 듯 딸아이와 고래의 입술이 순식간에 맞닿았다가는 급하게 떨어졌다. 그 일은 그날 밤 잠자리에 들 무렵까지 계속되었다. 천장을 뚫어지게 바라보던 딸아이가 말했다.

"세상의 모든 여덟 살짜리 중에 고래와 코를 비벼본 아이가 또 있을까요?"

"아니. 너밖에 없을 거야."

나는 단호하게 말했다.

그제야 딸아이는 안심이 된다는 듯 깊게 숨을 내쉬고는 잠에 빠져들었다. 그 뒤로는 다시 그 일에 대해 말하지 않았다. 하지만 그로부터 30년쯤 지난 지금, 딸아이는 코가 따끔거린다거나 물에 젖은 검정 고무를 만진 것 같다고, 문득문득 그때의 느낌을 떠올리고 있을지도 모른다.

아비새가 찾아왔던 날

거의……. 그래, 우리는 거의 가지 않았다. 그 오후엔 그랬다. 날씨는 맑았고 춥지 않았으며, 사자갈기 같은 빛깔의 모래언덕 위로 얇게 모래를 쓸며 바람이 불어왔고 파도는 길게 뻗은 조지아의 해안을 따라 쉼 없이 밀려들었다. 아이들 셋이 모두 자기들을 데리고 강을 건너가자고 졸라댔다. 아이들은 밀물 때면 바람이 거세게 불어오는 하구를 지나 사람들이 찾지 않는 먼 남쪽 해변으로 가서 조개도 줍고 너구리도 찾아보고 혹은 바다귀리도 따면서 야생 염소 구경을 하자고 했다.

간단한 일이었다. 정말 그랬다. 우리의 소형 보트를 타고 간다면 대략 15분이면 충분했다. 하지만 썰물이 빠져나간 상태라 보트가 좌초될 수도 있었다. 그러면 물이 들어올 때까지 사투를 벌여야 할 게 뻔했다. 게다가 텔레비전에선 미식축구 경기가 중계되고 있었다. 그건 조금도 힘이 들지 않는 일이었다. 내가 말했다.

"생각 좀 해보자."

이것은 부모들이 흔히 쓰는 말이다. 아이들은 그것이 '안 돼'라는 의미라는 걸 아주 잘 안다. 몸을 웅크린 세 아이는 깊은 절망에 빠져 있었다. 내가 고상함과 분노와 자기희생이 버무려진 목소리로 말했다.

"좋아. 그래, 좋아. 우리 가자. 하지만 오래 있진 않을 거야?"

아이들의 얼굴이 금세 밝아졌다.

"토니를 데리고 가도 되나요?"

토니는 셰틀랜드산 목장견으로, 양보다는 우리 보트를 더 좋아하는 놈이었다.

"음, 그렇게 하지 뭐."

그리고 자동적으로 덧붙였다.

"따뜻하게들 입어라."

우리는 강 하류로 내려가기 위해 발이 진흙투성이가 되어가면서 배를 끌었다. 엔진을 켜자 한동안 심상찮게 쿨룩대더니 경쾌한 소리를 내며 시동이 걸렸다. 우리는 물보라를 뒤집어쓰며 해협의 입구를 빠르게 통과했다. 토니는 밝은 빛깔의 혀를 길게 빼물고는 바람이 불어오는 반대 방향으로 귀를 접은 채로 뱃머리에 버티고 서 있었다.

3분쯤 지났을 때 우리의 작은 보트는 껑충 뛰어올랐다가 강 위로 올라섰다. 우리는 하구의 천연 보호구역으로 잠입해 들어갔다. 보트는 전속력으로 은빛 모퉁이를 감싸며 미끄러졌고, 지빠귀들이 고요 속으로 날개를 번득이며 날고 죽은 나무들이 마녀처럼 서 있는 습지의 황금빛 회랑을 지나 마침내 강과 바다가 만나는 널따란 어귀로 들어섰다.

길게 늘어선 연안사주 위로 파도가 혀를 널름거리며 뛰어오르고, 높다란 모래언덕을 성채로 삼은 군주라도 되듯 오만하게 느릿느릿 움직이고 있는 한 무리의 야생 염소들이 아득히 보였다. 그 풍경들은 무척이나 비현실적이었다. 요란한 엔진 소리에 묻힐 게 뻔했으므로 나는 아무 말없이 멀리로 손가락을 뻗었다. 아이들의 시선이 일제히 그곳을 향하더니 제법 엄숙하게 고개를 끄덕였다. 세상은 내가 어렸을 적과 변한 게 없었다. 그때도 염소들은 여전히 거기에 있었다.

우리가 탄 조그만 보트는 침묵에 휩싸인 만의 뒤편으로 미끄러져 들어갔다. 엔진을 끄기 무섭게 파도소리가 천둥처럼 귓속으로 밀려들어왔다. 그 소리에 놀란 듯 토니가 튕기듯 해변으로 뛰어내렸고, 덕분에 구멍이 송송 뚫린 모래바닥에 얼굴을 처박고 말았다. 배운 대로 닻을 옮겨놓은 아이들은 버둥거리며 녀석의 뒤를 따랐다.

진짜 겁이 없는 승무원은 무르팍이 너덜너덜한 청바지를 입은 열세 살짜리 딸아이 킨지였다. 원래는 하얀색이었던 빛바랜 해군 모자는 가장자리가 축 처진 탓에 킨지 얼굴을 완전히 덮어버려서 마치 심지가 다 닳은 양초처럼 보였다. 열한 살짜리 딸아이 다나가 입고 있는 올이 성긴 아빠의 오래된 캐시미어 스웨터는 소매가 너무 길어서 손이 보이질 않았다. 하지만 다나의 눈빛은 흐린 날의 바다빛깔만큼이나 파랬고, 바람에 나부끼는 머리칼은 인어공주를 생각나게 했다. 불도그가 엉성하게 그려진 헐렁한 셔츠를 입고 있는 여덟 살짜리 아들 맥은 늘 그랬듯 더벅머리였다.

아이들은 놀 거리를 찾아 바다귀리 수풀을 헤치며 달려 나갔다. 종이를 마차 모양으로 접어서 농게의 집에다 밀어 넣고선 한쪽 집게발이 유난히 큰 농게를 유인해내기도 하고 습지에 사는 제비의 둥지들을 구경하기도 했는데, 어떤 둥지엔 알이 들어 있었다. 뼈대만 앙상하게 남은 노 젓는 배가 지친 몸을 쉬는 듯 모래언덕에 기대어져 있었고, 낡은 어망과 불가사리, 성게, 소라 알, 투구게(킹크랩) 같은 것들이 바다의 널찍한 손바닥 위를 설렁설렁 떠다녔다. 나는 잠시도 쉬지 않고 놀라움에 가득 차서 이리저리 뛰어다니는 아이들의 모습을 지켜보며 감회에 젖었다. 이런 때 부모들이라면 모두들 아이들이 어디로 갔는지 무얼 가지고 노는지를 걱정하는 법이지만, 세 아이들을 지켜보고 있노라니 마치 나 자신도 그들 중 하나가 된 것 같았다.

프로펠러를 모래 밖으로 빼내려고 엔진을 아래위로 흔들고 있을 때였다. 바람이 불어오는 쪽에서 토니가 요란하게 짖어대는 소리와 아이의 높다란 비명소리가 들려왔다. 잠깐 뒤에 막내 맥이 되돌아서 달려오는데 눈빛이 온통 흥분에 휩싸여 있었다.

"아빠, 이쪽으로 빨리! 새가, 아주 큰 새가, 기러기 같은데, 근데, 날지를 못해요. 다쳤나봐요. 빨리요!"

부드러운 모래밭을 지나 모래언덕의 풀밭 안으로 뛰어 들어가자 놀란 제비들이 푸덕거리며 날아올랐다. 그리고 그늘져 있는 모래밭에 두 소녀와 개 한 마리가 힘겹게 버둥거리며 쓰러져 있는 이상하게 생긴, 얼핏 보면 펭귄처럼 보이는 새를 둘러싸고 있었다. 목이 긴 그 새는 창처럼 뾰죽한 부리로 토니를 쪼려고 해댔다. 나는 가까이 다가가서 갈퀴가 달린 발부터 살펴보았다. 새의 발은 너무 뒤쪽에 붙어 있어서 걸어 다니기에는 적합하지가 않았다. 머리는 윤기가 흐르고 눈은 잔뜩 경계하고 있는 듯했다. 녀석은 아비阿比가 분명했는데, 깃털에 잔뜩 엉겨 붙어 있는 콜타르 덩어리가 쉽게 떨어져나갈 것 같지 않았다. 녀석을 보고 있자니 가슴 한구석을 바늘로 찌르는 것 같았다. 인간의 편의를 위해 만들어졌지만 어떤 생명체에겐 치명적인 무기가 되어버린 것이다.

"어떻게 된 걸까요?"

다나가 곧 울음을 터뜨릴 듯한 목소리로 물었다.

"녀석이 사람들이 사는 곳으로 너무 가까이 온 것 같구나."

내가 천천히 말했다. 그리고 아이들에게 두꺼운 기름띠를 만들어내는 연료 방출 사건이 해상에서 얼마나 자주 일어나는지를 설명해주었다. 그런 사실을 알 리 없는 아비새가 물속으로 들어갔다 나오면서 깃털에 치명적인 막을 뒤집어썼고, 결국 날 수 없게 된 것이라고 얘기해주었다.

"방법이 없나요? 이제 어떻게 되는 거예요?"

맥이 겁에 질린 채 물었다.

해질 녘 먹이를 찾아 돌아다니는 너구리가 이 물음에 답을 내려줄 것이었다. 아무것도 먹지 못한 채 서서히 죽어가는 것보다는 그게 더 나을 터였다. 그리고 그것이 바로 자연이 문제를 해결하는 방법이었다. 하지만 아이들에게 그렇게 말해줄 수는 없었다.

"보트에 수건이 있어요. 그걸로 닦아낼 수 있을 거예요."

큰아이답게 실용적인 킨지가 말했다.

"우릴 물려고 해!"

맥이 기쁨과 공포가 뒤섞인 목소리로 외쳤다.

"쉽진 않겠지만 수건을 써보자. 어떻게든 해봐야지."

내가 말했다. 하지만 품위를 잃지 않고 있는 새의 머리를 일으켜 세우자마자 녀석은 부리를 움직이지도 못한 채 날개를 맥없이 늘어뜨렸다. 수건은 아무 소용도 없었다.

"기름을 떼어낼 게 필요해. 광물성 알코올 같은 게 있으면 좋을 텐데."

뭔가 생각난 듯 내가 말했다.

"그거라면 집에 좀 있어요."

딸아이 둘이 동시에 말했다.

"새를 집으로 데려가요!"

막내가 흥분해서 소리를 질렀다.

"우리가 깨끗하게 닦아서 목욕통에다 넣고, 개 사료도 주면서 집에서 키우면 돼요!"

"이 아비새는 야생조류인걸."

부모들이 아이들의 입을 막을 때 흔히 쓰는 부정의 말투가 나왔다.

"녀석은 목욕통에서 살고 싶어 하지도 않을 거고 애완동물이 되고 싶지도 않을 텐데. 게다가 아빤 이 녀석과 친해질 것 같지가 않아."

"그치만 우리가 발견했잖아요."

킨지가 어지간히 실망한 듯 말했다.

"우린 이 새를 죽게 내버려두고 갈 순 없어요."

우리가 새를 발견했다는 건 어쨌든 사실이었다. 어쩌면 그가 우리를 발견한 것인지도 몰랐다. 같은 시간과 공간을 살아가는 수많은 생명체들 중에서 우리와 이 새가 이곳에서 맞닥뜨린 것이다. 혹시 이건 어떤 기회일까? 물론 그럴 수 있었다. 하지만……

"집으로 가는 동안 누가 안고 갈 거야? 아비새를 안은 채로 보트를 운전할 순 없잖아."

약간은 심술이 나서 내가 말했다.

"제가 안고 갈게요."

"제가요."

"제가 할게요."

셋이서 동시에 외쳤다. 그리고 그렇게 했다(물론 제일 큰아이가 안고서 나머지 둘은 양쪽에 붙어 앉아서 갔다). 아비새는 수건을 머리끝까지 단단히 감싼 채로 쥐죽은 듯 아이의 품에 안겨 있었고, 토니는 못마땅한 표정을 지으며 잔뜩 풀이 죽은 채 내 발치에 웅크리고 있었다.

"우리가 아비새를 구했어요!"

집으로 들어서기 무섭게 맥은 영문도 모르는 제 엄마에게 소리를 질러댔다.

"기름을 뒤집어썼어요! 우리가 목욕을 시킬 거예요!"

그러다가 멈칫했다. 뭔가 묘한 기운을 느낀 듯했다.

"근데, 그리고 나서……."

맥이 착 가라앉은 소리로 덧붙였다.

"날려 보내줄 거예요."

한 시간 동안 야단법석이 일어났다. 온갖 의료장비들이 쏟아져 나왔다. 스펀지와 탈지면, 따뜻한 물, 차가운 물, 비누와 빨간약에 각종 연고들. 온갖 의학이론이 튀어나왔다가 사라졌다. 의견은 끝이 없었다. 그러거나 말거나 아비새는 사람들 모두를 적어도 두 번씩은 쪼아댔다. 어떤 기름덩이는 지독하게 달라붙어 있었지만, 마침내 마지막으로 헹구고 얼룩이 잔뜩 묻은 목욕통에서 녀석을 꺼내자 거무죽죽하던 깃털이 어느 정도 예전의 빛깔로 돌아왔다. 타르 때문에 무거웠던 몸도 많이 가벼워진 듯했다.

우리는 녀석을 깨끗한 수건에다 감싼 채로 거실을 지나 현관 계단을 내려간 다음 모래사장을 건너 바닷물이 들어오는 곳으로 데려갔다. 물에 내려놓자 아비새는 잠깐 동안 버둥거리며 날갯짓을 해보더니, 고개를 돌리고는 부리로 몇 번 빠르게 제 등을 긁어댔다. 깃털을 가지런히 정리하는 듯했다. 그러고는 바다를 향해 힘차게 헤엄을 치기 시작했다. 멀리 떨어진 모래톱의 도요새 둥지가 있는 방향이었다.

"왜 날아가지 않는 거죠?"

다나가 걱정스런 목소리로 물었다.

"아빠 생각엔 깃털이 너무 젖어서 그럴 거야. 내일 해가 뜨면 마를 거고 그러면 제대로 날 수 있겠지."

셔틀랜드 목장견 토니는 다시 기분이 좋아졌는지 겅중겅중 뛰어다녔고, 딸아이 둘이 그 뒤를 좇았다. 막내아들과 나는 몸을 돌려 모래언덕 아래에 가만히 웅크리고 있는 집을 바라보았다. 날카로운 지붕의 윤곽이 서쪽 하늘 위로 선명하게 드러났다. 발을 옮길 때마다 모래가 사각사각 소리를 냈다.

"죽을까요? 살까요?"

"살아날 거야."

막내가 고개를 천천히 끄덕였다.

"우린 한동안 거의 가지 않았어요. 그곳에 말이에요. 기억하시죠?"

"그래, 그랬지. 한동안 그랬었지. 그러다가 거기로 갔고, 새를 발견한 거지."

내가 덧붙였다.

기꺼이 깨어 있어야 할 때

겨울 끝자락의 어느 추운 날, 나는 몇몇 지인들과 함께 해변의 오두막에서 20대의 매력적인 젊은 부부가 주관한 점심식사를 즐기고 있었다. 교수로 지내다 퇴직했다는 분은 처음 보는 얼굴이었는데, 칠십 평생을 올곧게 살아온 멋진 노신사였다.

식사를 마친 뒤에는 해변을 산책하기로 했었지만, 돌풍이 오두막을 흔들어대고 진눈깨비까지 창문을 때려대는 통에 모임을 주관한 부부의 '열정'이 눈에 띄게 줄어들었다. 여자가 말했다.

"이거 죄송해서 어쩌죠? 이런 날씨엔 집 밖으로 나가시지 않는 게 좋을 것 같은데요."

"그렇게들 하시죠. 불가에 앉아서 텔레비전으로 세상 돌아가는 걸 구경하면 아무래도 감기에 걸릴 확률이 줄어들겠죠?"

그녀의 남편이 은근히 동의를 구했다.

젊은 부부가 자리를 마련하는 사이에 우리는 바깥으로 나갔다. 그런데 주차해놓은 차로 가자, 노교수가 낡은 세단의 트렁크를 열더니 도끼를 꺼냈다. 나는 깜짝 놀랐다.

"저쪽에 보니 물에 떠내려 온 폐목들이 제법 있더군요."

바람이 거칠게 몰아치는 해변 쪽을 가리키며 그가 말을 이었다.

"벽난로에 쓸 땔감을 좀 마련해야겠단 생각이 들어서 말이오."

나는 그를 노려보았다.

"장작을 패러 가시겠단 건가요, 이런 날씨에?"

그는 이상한 표정을 지으며 나를 바라보았다.

"왜, 안 되나요? 시체놀이 하는 것보다는 낫겠죠. 그렇지 않나요?"

그렇게 말하고는 도끼를 어깨에 비스듬히 걸치더니 모래언덕을 향해 걸어가기 시작했다.

그를 지켜보고 있는데 갑자기 묘한 기분이 들었다. 우리가 이렇게 있는 게 뭔가 잘못되었으며 앞뒤가 바뀐 느낌이 들었다. 젊은 부부는 만족스럽고 편안하게 벽난로 앞에 앉아 있는데 백발의 노인은 차가운 바람 속으로 의기양양하게 발걸음을 떼고 있다니. 나는 중요한 선택의 갈림길에 서 있었다. 시간이 그리 넉넉한 것 같지는 않았다.

"잠깐만요! 저도 갈 테니 잠깐만 기다려주세요!"

나는 그를 불러 세웠다.

작은 에피소드는 그렇게 해서 만들어졌다. 노교수와 나는 몇 아름이나 되는 장작을 패서 차에다 실었다. 몸은 좀 젖었지만 춥지는 않았다.

잘 건조된 나무 속으로 도끼날이 번쩍거리며 박혀들고, 쪼개진 나무토막들이 허공으로 튀어오르는 걸 보면서 오히려 기분이 상쾌해졌다. 마음으로 통하는, 전혀 예상하지 못했던 친밀감도 역시 기분 좋은 일이었다. 하지만 진정으로 내 마음을 흔든 것은 그가 말한 '시체놀이'라는 단어였다. 그는 우리 시대의 심각한 질병 하나를 지적했다. 사람들은 대부분 행동하기보다는 지켜보려는 경향이 강하고, 참여하기보다는 피하려는 경향이 강하며, 행하기보다는 행하지 않으려는 경향이 강하다. 또한 '생명체'라 불리는 복잡 미묘한 존재인 자신들을 향해 은밀하고 부정적이며 경계하는 듯한 목소리로 조심하라고 자제하라고 신중하라고 앞뒤를 재라고 멈추라고 스스로를 보호하라고 충고한다.

나는 세상이 점점 나빠지고 있으며 나아질 기미를 보이지 않는다고 주장하는 사람들을 언제나 의혹의 눈으로 바라보았다. 하지만 적어도 미국에 관한 한 그들의 주장은 옳았다. 우리는 선조들에 비해 훨씬 활력이 없으면서도 게으름을 변명하는 데는 더욱더 교활했던 것이다.

"감기에 걸릴 확률은 줄어들겠죠?"

젊은 주인은 흥겨운 목소리로 그렇게 말했다. 집 안에 있는 게 감기에 걸릴 확률이 적다는 건 모두가 아는 사실이었다. 하지만 아무 생각 없이 던진 그 말은 무기력이라는 질병에 걸렸음을 자인하는 것이었다.

문제는 사람들의 사고방식이 비슷해지고 있다는 사실이다. 생활이 더 쉽고 편리해지면서 사람들은 더 이상 몸을 내던지며 살아가던 선조들의 생활방식을 따르지 않는다. 기행奇行은 사실상 미국에서 사라졌다. 대신 감정적·물리적 혹은 금전적 사치가 기발한 행동인 것처럼 여겨진다. 재산을 몽땅 탕진해버린 개척자의 후손은 동전 한 푼을 쓰는 데도 벌벌 떨 수밖에 없지 않은가.

지나치게 자식을 보호하는 부모들은 비난을 피할 수 없다. 악의는 없지만 요령도 없는 아빠와 엄마들이 끝도 없이 퍼부어대는 온갖 '안 돼!' 소리가 아이들의 열망과 모험심을 위축시킨다.

"나무에 올라가면 안 돼, 떨어져."

"배 밖으로 가면 안 돼, 물에 빠져."

"안 돼, 이번 주엔 캠프에 가지 마. 비가 올지도 몰라."

인생을 영위한다는 것은 아이들의 가슴에 불길이 일어나는 것을 가리킨다. 그 불길 위에다 끊임없이 젖은 담요를 덮어댄다면 어떻게 될까.

또 다른 이유가 있다면, 과학자와 사회학자 그리고 모든 종류의 현대 의학자들이 귀가 따갑도록 읊어대는 온갖 모호한 통계수치다. 선조들은 다행스럽게도 인간의 운명을 손에 쥔 것처럼 설쳐대는 이런 장사꾼들로부터 자유로웠다. 음주를 즐기는 15명 중 1명은 알코올 중독자가 되기 때문에 자신의 일일 음주량을 체크하는 것이 좋을 거라는 따위의 충고를, 우리의 할아버지 할머니들은 그 누구도 듣지 않았다. 선조들은 담배를 끊지 않는다면 수명이 점점 줄어들 거라는 위협을 받은 적이 없다. 그 누구도 우리의 조부모들에게 심장마비의 위험이 있으니 주말의 오락거리를 줄여야 한다고 강요하지 않았다. 물론 그들 중 상당수는 오늘의 할머니 할아버지보다 일찍 세상을 떠났겠지만, 나는 그것이

사는 동안 인생을 덜 즐겼다는 것과 마찬가지라고 생각하지는 않는다.

20세기 중반을 넘어서면서, 이혼이 건강에 더 좋다는 통계수치를 확신한 사람들은 의도적으로 함께 사는 즐거움을 멀리했다. 이런 식의 '시체(무생물)'가 되어가는 병은 늘어만 갔다. 심장병에 좋지 않을 거라는 두려움 때문에 수년 전 테니스를 그만둔 친구 하나는 밤 9시만 되면 침대로 향한다. 왜 그러냐고 물으면 그는 휴식이 필요해서라고 대답할 것이다. 하기야 그를 보고 있으면 온종일 휴식을 취해야만 할 얼굴이라는 생각이 절로 난다. 당신이 그 사람을 만나다면 자신의 에너지를 도대체 어디에다 쓰는지 의문스러울지도 모른다.

언젠가 차를 타고 가다가 라디오에서 100세 이상 된 노인 두 분과 대담하는 걸 들었다. 어떻게 한 세기 동안 살 수 있었는지, 100번째 생일은 어떻게 보냈는지 등과 같은 상투적인 질문이 나왔다. 한 노인이 대답하길, 80대의 생일들을 어느 선술집에서 보내기 시작했는데, 가능하면 오랫동안 그 흥겨운 '전통'을 이어나가고 싶다고 했다. 다른 한 노인은 자신이 장수한 까닭은 절제된 식습관과 금주, 금연 덕분이며 십자말풀이를 절대로 하지 않았다는 것도 꼽았다. 신경 쓰이는 일은 하지 않았다는 뜻이다. 그는 자신의 100번째 생일은 건강이 좋지 않아 기력을 회복하려고 침대에서 맞았다고 덧붙였다.

"어디가 편찮으셨길래?"

처음에 얘기를 했던 '노전사'의 목소리가 들려왔다. 그는 핵심을 정확히 짚었다.

핵심은 과학의 발전이 우리에게 계란 위를 걷는 듯 조심스럽게 살아가는 것이 아니라 활력 넘치는 취미활동을 하면서 살아갈 수 있도록 건강과 에너지와 수명 연장이라는 보너스를 제공해주었다는 사실이다. 수만 년 동안 인간의 주된 관심은 단지 생존하는 것에 있었다. 하지만 수명 연장의 문제가 거의 해결된 듯한 지금, 이 중대한 문제의 요건은 단지 어떻게 하면 오래 살아남을 것인가가 아니라 실제적으로 보장된 삶을 어떻게 구가하며 살 것인가이다.

노교수의 생각은 옳았다. 우리는 거의 아무것도 하지 않았다. 무르익은 가을 신선한 일요일 오후에 미국 남성의 반쯤은 어디에 있을까? 사냥을 하고 있을까? 낚시를 하고 있을까? 아이들과 함께 연이나 모형 비행기를 날리고 있을까? 누렇게 물든 들판을 걷거나 단풍이 타오르는 숲을 오르고 있을까? 아니면 어두컴컴한 방 안에 다리를 쭉 뻗은 채로 스물 몇 개의 텔레비전 채널을 돌리고 있을까? 그 침묵의 시청자들 중 대부분은 성실한 납세자며 건실한 시민일 것이다. 그들은 납치와 마약 중독, 청소년들의 비행과 범죄 같은 국가적 차원의 문제를 진지하게 논의할 것이다. 그러나 소수의 사람들이 저지르는 기괴하고 파괴적인 불법행위와 수많은 사람들에게서 점점 더 크게 나타나고 있는 무기력증 중에서 어떤 것이 우리 시대에 정말로 위급한 문제일까?

모든 것은 '생명체'가 될 것이냐 '시체'가 될 것이냐를 놓고 우리가 어떤 선택을 하느냐에 달려 있다. 불행하게도 이 둘의 간격은 점점 줄어들어가고 있는 추세이며, 나이가 많을수록 그 정도가 심하다. 이 불행한 사실은 우리가 지나치게 위험을 의식하고, 위험에 노출되지 않으려는 나약한 의식에서 생겨난다.

내가 기억하는 어떤 젊은이는 거의 모든 상황에 대처할 수 있는 하나의 완벽한 대비책을 갖고 있었다.

"의심스러울 땐, 하지 마."

그렇다. 분명히 이 경고에는 젊음이라는 맹렬한 속도를 제어하는 보편적인 가치가 있다. 하지만 이 문구의 유용성은 20대 후반에 이르면 급속도로 감소한다. 30대가 지나면 이 문구가 얼마나 위험스런 습관인지를 깨닫게 될 것이다. 그리고 40대가 되면 이 문구는 아마도 정반대로 바뀌어 있을 것이다. 이렇게.

"의심스러우면, 일단 해봐."

만약 당신이 마음속에 이 변화의 법칙을 세워놓을 수 있다면, '시체'가 되는 문제는 그다지 대수롭지 않을 것이다. 하지만 이 문제는 오늘날 많은 사람들을 옭아매고 있으며, 신중한 관찰자들을 곤란에 빠뜨린다. 내 책상 위에는 성직자인 친구에게서 온 편지 한 통이 놓여 있다. 그는 편지에다 이렇게 썼다.

우리들 대부분의 문제는 말일세. 능동적이고 고의적인 부도덕이 아니야. 무기력증과 배려하는 마음의 결여, 삶에 관여하지 않으려는 태도가 문제인 거지. 우리 몸을 안락하게 하고 잘 먹여 살찌우고 만족스럽게 하는 게 모두 이 문제와 관련되어 있지. 하지만 우리가 이런 식으로 몸을 호사스럽게 대접하면 할수록 우리의 영혼은 더욱 단단하고 움직임 없는 고깃덩어리 속에 완전히 갇혀버리지. 그렇게 된다면 우린 더 이상 저 멀리서 들려오는 구원의 나팔소리를 들을 수 없게 되지. 오직 목신牧神의 피리소리를 들으며 잠에 곯아떨어질 뿐.

이 훌륭한 남자는 깊은 사색에 잠긴 채 편지를 이어나간다.

어떻게 하면 사람들을 일깨우고, 즐거움 너머를 동경하게 만들며, 일상으로부터 탈출시키는, 모두가 납득할 만한 방법을 제공할 수 있을까? 어떻게 하면 사람들로 하여금 미지의 곳을 향해 나아가며, 자신의 정신을 끊임없이 시험하고 스스로를 신뢰할 수 있도록 독려할 수 있을까? 오, 그걸 무척이나 알고 싶다네!

친구의 물음에 대한 단 하나의 진정한 답이 있다. 그것은 우리들 각자가 기꺼이, 난롯가에 앉는 대신 장작을 패러 나가는 것이다. 우리들은 '시체'가 되라고 꼬드기고 우리를 안주시키려는 것들로부터 자신을 지켜내야만 한다. 살아 있음을 거부하는 그 어떤 삶의 배신자들과도 기꺼이 싸워야만 하는 것이다.
우리를 위한 구원의 나팔소리는 날마다 저 멀리서 들려온다.
"잠깐만요, 제가 갈 때까지 기다려주세요!"
때로 우리의 대답소리는 너무도 멀고, 그래서 희미할 뿐이다.

가장 위대한 선물, 열정

내가 어렸을 적에도 판타지가 유행이었다. 나는 요람을 들여다보는 요정이나 온갖 주문을 외우고 사라지는 마음씨 착한 동물들 얘기를 수없이 들으며 자랐다. 그래서 아기가 새로 태어나면 그들이 지팡이를 흔들며 나타나서는 아름다움과 명석함, 용기, 부와 행복 같은 걸 듬뿍 안겨준다고 믿었다.

그 당시에는 이 모든 것이 무척이나 만족스러웠다. 그때로 돌아가 생각해보면, 내게 있어서 요정들은 우리가 가장 갖고 싶어 했던 모든 것을 선사해준 존재였다. 그들은 내 귓가에다 이렇게 속삭여주었다.

"행운의 아이야, 내가 너에게 열정이라는 선물을 건네주마."

열정, 인간의 역사가 시작되면서부터 그것은 굉장한 단어였다. 고대 그리스인들은 영감을 받은 사람을 묘사하는 데 이 말을 사용했다. 그들에게 있어 열정적인 사람은 자신의 몸에 신이 깃든 사람이었다. 그리스 사람들이 그러했듯, 열정에 대해 깊이 생각하면 할수록 그것은 단지 하나의 단어가 아니라 가장 명확한 말이라는 확신이 굳어질 것이다.

인간이 지닌 성격 가운데 그 어떤 것도(가능하면 '애정'은 예외로 하고) 열정만큼 행복하고 성공적인 삶에 깊이 공헌한 것은 없었다. 성자들은 언제나 이 사실을 알고 있었다.

"열정 없이는 그 어떤 위대한 것도 성취할 수 없다."

에머슨의 말이다.

열정은 복잡 미묘하며 신비로운 특질이다. 그러나 그것을 관찰하거나 배우기 위해 성자들을 찾아가 자문을 구할 필요는 없다. 어린아이라면 누구나 갖고 있기 때문이다. 훌륭한 사냥개를 보라. 그는 어린아이처럼 열정적으로 행동한다!

열정이란 정확히 무엇일까? 나는 열정을 '뭘 하고 싶어 미칠 것 같은 마음으로 반응하는 능력'이라고 정의하고 싶다. 열정적인 사람은 생각, 사람, 사건 등 그 어떤 것에 대해서든 흥분을 일으키는 주머니를 꿰차고 있다. 그들은 오감에 육감까지 동원해서 삶의 자극에 반응할 뿐 아니라 온갖 감성을 총동원해서 반응한다. 그들은 사물조차 '느끼는' 사람이다. 또한 그들은 누군가를 그리고 무언가를 '돌보고 보살피는' 사람이다. 보살피는 만큼 그들은 살아 있는 존재가 된다. 당신이 누군가로부터 보살핌을 받고 있는데, 그 보살핌이 멈추어지는 순간 당신은 죽게 된다고 한번 상상해보라. 열정이란 당신을 살아 있도록 '보살펴주는' 바로 그 행위를 말하는 것이다.

열정을 흥분과 완전히 동일시하는 것은 잘못이다. 열정은 열정을 일으키는 대상에 대한 애정을 포함하고 있기 때문이다. 열정적인 사람은 그들이 흥분을 느끼는 그 대상을 사랑한다. 크든 작든, 중요한 것이든 하찮은 것이든, 결혼 상대이건 아이스크림이건 그들은 가리지 않는다. 그들은 열정을 느낄 때 사랑을 주며, 그리스 사람들이 그러했듯 그것은 바로 그들 내면에 깃든 신이다.

열정이 드러났을 때 사람의 마음이 거기에 끌리고, 그 마음이 다른 사람들에게로 전이되는 이유는 바로 '사랑'에 있다. 우리는 10센트짜리 인형을 혹은 어른들에겐 하찮기 그지없는 물건을 아이들에게 사다 준다. 하지만 아이들의 반응은 전혀 예상치 못한 방향으로 전개된다.

"야호!"

아이들은 온 세상의 부를 몽땅 얻었다는 듯 환호성을 지르며 계단을 마구 뛰어내려와 달려든다. 그 순간 부모의 가슴에 피어오르는 따뜻한 온기의 정체는 무엇일까?

혹은 누군가가 별 이유 없이 이렇게 말했다고 하자.

"정말 굉장한 날이에요!"

그 말을 듣는 순간, 우리는 즉시 그의 말에 동의하고 싶은 강렬한 충동을 느낄지도 모른다.

그 말 속에 녹아 있는 낙관적이고 명랑한 기운 덕분에 우리는 삶의 고난 너머로 끌려 올라간다. 우리들 중 그 누가 유머 감각과 재미와 생명력을 잃지 않는 친구를 존경하지 않을 것인가? 우리는 열정을 유지할 수 있는 그의 능력에 감탄하며, 내면에 사랑의 힘을 지닌 열정이 그를 떠받쳐주고 있다는 사실에 찬사를 보낸다.

열정이라는 사랑의 힘과 여기에 즐거이 반응하는 능력은 어디서 생겨나는 것일까? 나는 우리들 내부에 열정이 깃들어 있다는 사실이 쉽게 믿어지지 않는다. 어떤 적절한 기회가 생기면 우리들 모두가 열정의 여행을 시작할 수 있다는 사실이, 솔직히 믿기지 않는다. 하지만 대부분의 어린 존재들은 열정을 정말 멋지게 물려받은 것처럼 보인다. 하다못해 망아지에서부터 새끼고양이에 이르기까지도. 문제는 어렸을 때 지니고 있던 그 신선함과 열의를 나이가 들 때까지 어떻게 계속 유지하느냐는 것이다.

판에 박힌 삶은 열정의 적이다. 일상은 열정을 무디게 하고 익숙함은 열정을 무감각하게 만든다. 이 글을 쓰고 있는 지금 창문 밖으로 울타리 위를 거만하게 걷고 있는 고양이가 보인다. 평범한 길고양이는 흥미를 끌지 못한다. 하지만 고양이를 전혀 보지 못하는 어떤 상황을 가정한다면 문제는 달라진다. 이 믿을 수 없을 정도로 축복받은 동물이 이 세상의 유일한 고양이라고 가정한다면, 저 녀석의 값어치는 도대체 얼마나 될 것인가!

제2차 세계대전 동안 많은 사람들은 결핍이 어떻게 그들의 직관을 날카롭게 벼리고 열정을 드높일 수 있는지를 배웠다. 전쟁 중 어느 날,

등화관제로 암흑의 천지가 된 영국을 떠나 고향으로 가던 도중에 내가 탄 비행기가 아이슬란드에 잠시 착륙한 적이 있었는데, 누군가가 내게 오렌지 하나를 건네주었다. 일 년이 넘도록 오렌지를 구경조차 하지 못해 그 맛을 잊어버릴 정도였다. 비행기가 짙은 회색 바다를 건너 그린란드 위를 날아가고 있는 동안 나는 그 오렌지를 이리저리 어루만지고, 냄새를 맡고, 불빛에 비춰 보면서 그 빛깔에 경의를 표하기도 했다. 그리고는 마침내 나는 오렌지를 까서 먹었다. 아, 그 기막힌 맛이라니! 그것은 이전에 먹어본 오렌지의 맛이 아니었다. 그 오렌지를 나는 진정으로 사랑했고, 그 덕분에 나는 뭔가를 배울 수 있었다. 결핍이 사랑과 열정과 놀라움을 선사해준다는 것!

뭔가에 싫증이 날 정도로 물리고 지쳤을 때, 나는 스스로에게 이렇게 말함으로써 경이의 감각을 회복할 수 있다.

"지금이 유일한 시간이라고 가정하라. 지금의 일몰, 지금의 일출, 지금 듣고 있는 교향곡, 지금 먹고 있는 버터 바른 토스트, 지금 잠자고 있는 아이, 지금 하늘에 펄럭이는 깃발……. 이 모든 것을 다시는 경험해볼 수 없다고 가정해보라!"

인간이 만들어낸 어떤 물건이건 오직 나만을 위해 작동한다고 가정한다면 평범한 것은 단 하나도 없을 것이다. 뭔가를 평범하다고 느끼는 것은 그것에 대한 반응이 그만큼 무뎌졌기 때문이다.

모든 것에 열정적이어야만 한다는 얘기가 아니다. 열정이란 어떤 계기를 통해 선택되고, 자신의 실책을 발견하게 해주는 것이기도 하다.

누군가가 "난 결코 지루하지 않아"라고 주장할 때면 언제나 내 눈썹은 치켜 올라간다. 그리고 이렇게 말한다.

"그래, 내 방법이 틀렸군. 늘 그날이 그날인 것처럼 살아왔으니!"

사실 싫증이란 사람들에게 자극제가 필요하다는 것을 알려주고 뭔가 행동하도록 독려하는 유용한 감정이다. 생명력, 흥미, 호기심, 열정 같은 것들은 살아 있음의 징표다. 무감각, 무관심, 무반응 같은 건 활력을 잃고 죽음에 이르도록 한다.

이 세상에 존재했던 가장 위대한 스승은 인간의 가슴에 요동치는 이러한 충동에 대해 잘 알고 있었으며, 한 치의 주저함 없이 '그가 거했던 자리'에 안주하지 않고 그곳을 떠났다. 그는 이렇게 말했다.

"하늘이 삶을 가지라 해서 여기로 왔고 그 누구보다 더 풍부하게 그 삶을 누렸다. 어린아이들은 나와 하나이니 그들을 막지 마라."

그는 미소를 지으며 덧붙였다.

"하늘의 왕국이 또한 그러하다."

대부분의 사람들은 그가 소박함과 순진무구함을 얘기한 것이라고 생각한다. 아마 그럴 것이다. 나는 거기에 덧붙여 그가 아이들이 지닌 에너지와 열정을 얘기한 거라고 믿고 있다.

성공한 사람은 어린아이 때 가졌던 최고의 자질을 오랜 세월이 흐른 다음에도 계속 지니고 있는 사람이다. 이것은 많은 유명 인사들에게서 공통적으로 발견되는 사실이다. 그들은 보통 사람들보다 더 오랫동안 어린 시절의 호기심과 놀라움, 신선한 감각과 발견들을 유지했다. 그들은 언제 어디서든 새로운 행동들을 시도한다. 그들이 보여주는 흥미는 실로 다양하다. 그림과 글쓰기, 벽돌 쌓기와 금붕어 낚시를 즐겼던 처칠을 생각해보라. 조지아 출신으로 걸스카우트를 창설했던 줄리엣 로는 일급 조각가였다. 그녀는 자신의 집에 연철로 된 커다란 쇠문을 달아야겠다는 생각이 들자, 시장이 아니라 대장장이한테 가서 스스로 쇠를 녹이고 다듬는 방법을 배웠다.

우리가 줄리엣 로나 처칠이 될 수는 없지만, 이들의 가슴에 내재하는 신의 중요성을 인식하지 못할 이유는 없다. 그리고 충분히 우리 자신 속에 그것을 담아 아이들에게 용기를 북돋워줄 수 있다. 불꽃만 존재한다면 불길을 일으키는 것은 너무도 쉬운 일이다.

얼마 전, 일곱 살 먹은 딸아이가 뭔가에 흥미를 보였을 때 나는 천문학과 관련된 그림책을 사다주었다. 아이는 거기에 푹 빠져서 행성의 순서며 목성의 크기, 화성의 주위를 도는 위성들이 몇 개나 되는지를 줄줄 외웠다. 이런 흥미가 언젠가는 줄어들 거라는 건 분명하다. 하지만 그것이 지속되는 한 그 불길은 여전히 타오를 것이고, 아이의 가슴에 내재하는 '신'은 자신의 존재를 환하게 드러낼 것이다.

우리들은 자신이 알고 있는 것보다 훨씬 더 강렬한 신성의 등불을 가지고 있다. 어떤 이들은 일상이라는 먼지가 덮여 희미하게 되도록 등불을 방치해놓으며, 어떤 이들은 성경에 나오는 달란트의 우화에서처럼 자신의 흥미와 재능을 자기 안에 깊이 묻어두고 감추어버리기도 한다. 이건 잘못된 일이다. 사랑의 힘과 마찬가지로 열정은 밖으로 드러낼 필요가 있으며, 그것을 키울 수 있도록 자유롭게 펼쳐놓아야 한다. 열정에 채워진 족쇄를 풀어내는 사람은 끊임없이 열정을 보충하고 공급할 것이므로, 그에게 열정이 고갈되는 일은 결코 일어나지 않는다.

세상에서 가장 위대한 선물, 열정!

이 선물을 받고 싶으면 결국 밖으로 드러내놓아야만 한다.

5

수용의 순간
예찬하고 옹호하고 받아들여야 한다

미국의 한 위대한 정신과 의사는, 인간의 사고방식attitudes은 사실facts보다 더 중요하다고 했다.

그럴지도 모른다. 우리들 대다수는 분명히 끊임없이 변화하는 현실에 맞출 수 있도록 자신의 사고방식을 증진시키고, 옮기고, 조절하고, 바꾸는 데 많은 시간을 소비한다.

이런 끊임없는 노력을 통해 얻어지는 성공의 열쇠는 바로 '유연성'과 '겸손'이다.

완고한 사람은 새로운 생각의 패턴을 익히고, 새로운 습관을 몸에 받아들이고, 새로운 철학이나 라이프스타일을 시험하는 데는 영 재주가 없다. 그리고 자기만족에 취한 사람은 그들 자신, 혹은 사물을 바라보는 태도를 바꿀 필요성을 느끼지 못한다.

작가나 성직자 같은 '마음의 개혁가'는 목숨이 다할 때까지 어떻게 하면 인간성을 개조할 것인지, 그리고 인생을 재배치할 것인지를 알려주려고 노력한다. 그들은 올림포스의 신처럼 당당하고 확신에 찬 목소리로 지껄인다.

그러나 사실 그들은, 대부분의 시간을, 그들 자신에게 설교한다.

순간을 아는 지혜

대스타였던 노배우 찰스 코번과의 인터뷰를 나는 잊지 못한다. 그때 나는 상투적인 질문을 던졌다.

"인생에서 성공하기 위해 필요한 것 하나만 말씀해주신다면 무엇이겠습니까? 두뇌? 에너지? 교육?"

그는 고개를 저었다.

"그런 것들이 도움은 되지요. 하지만 내 생각엔 더 중요한 것이 있어요. 그건 '순간'을 아는 지혜입니다."

그때 나는 연필을 쥔 채로 멍하니 그를 바라보았다.

"어떤 순간을 말씀하시는 거죠?"

"행동해야 할 순간, 혹은 행동하지 말아야 할 순간. 말할 순간, 혹은 침묵을 지켜야 할 순간. 무대에선 말이요, 모든 배우가 알고 있다시피 타이밍이 가장 중요한 요소라오. 그건 삶에서도 마찬가지라고 난 믿어요. 만약 그 순간을 깨닫는 기술을 완전무결하게 습득한다면, 결혼생활이건 직장에서건 사람관계건 행복과 성공이 따르지 않을 수 없을 거요. 행복과 성공이 당신의 현관 앞으로 걸어오고 있을 테니까!"

노배우는 옳았다. 만약 뭔가가 다가오는 바로 그 순간을 포착할 수만 있다면, 그리고 그 뭔가가 가버리기 전에 행동할 수 있다면, 인생에 있어서 문제거리는 정말 간단히 해결돼버릴 것이다. 거듭해서 실패와 마주치는 사람은 모든 것이 자신에게 적대적인 것 같다는 감정에 빠져 낙담한다. 그때 그들은 '시간'을 깨닫지 못한다. 그들은 다시 또 노력을 기울여보지만 '제때'가 아니면 결국 또 실패하고 말 것이다.

"제때를 알지 못하면, 결국 부부는 싸우게 되어 있어요."

가정법원의 판사에게서 들은 얘기다.

"상대를 자극하고, 잔소리나 비판을 참을 수가 없고, 심지어 좋은 충고조차 받아들일 수 없는 건 단지 때를 인식하지 못하기 때문입니다. 만약 서로의 분위기를 유심히 살피면서 불만을 터뜨릴 때는 언제인지 그리고 애정을 표시할 때는 언제인지를 알게 된다면, 이 나라의 이혼율은 절반으로 떨어질 겁니다."

그 판사 역시 아카데미상을 받았던 미국 영화배우 찰스 코번이 했던 것과 똑같은 말을 했다.

'그 순간을 알라.'

예전에 나는 아내에게 자질구레한 내 잘못들이 당신 마음을 괴롭혔

느냐고, 참회하는 기분으로 물었다. 그녀는 지체하지 않고 대답했다.

"당신은요, 내가 머리 손질도 덜 하고 옷도 제대로 입지도 않았는데 파티에 늦었다고 재촉하는 사람이라고요."

매너가 좋다는 것은 단지 '타이밍을 잘 맞추는 것'을 의미하기도 한다. 얘기하는 중간에 톡톡 끼어드는 것만큼 짜증나는 일이 또 있을까? 떠나야 할 시간을 알지 못한 채 마냥 죽치고 있는 것만큼 난감한 상황이 또 있을까?

'좋은 타이밍'은 종종 예기치 못한 일을 하는 것을 의미하기도 한다. 조지아 주 남부에서 의사 일을 하면서 아이가 없어 신생아 한 명을 입양하기로 한 남자가 늦은 밤 아내와 통화를 하고 있었다. 통화 중에 갑자기 그가 말했다.

"입양서류가 다 갖춰졌다는군. 병원으로 가서 우리의 아이를 데려오도록 합시다."

"이 밤중에요? 왜 그래요 당신, 아이를 데려오려면 여러 날이 걸릴 거라고 병원에서 그랬잖아요. 겁나게 왜 그래요!"

아내가 깜짝 놀라며 말했다.

"하하! 신생아들이란 원래 깜깜한 데서 이 땅으로 오는 법이라오. 그리고 처음 부모가 되는 사람들은 당연히 겁이 나는 거고. 어때요, 사람들을 깜짝 놀라게 해주고 싶지 않아요? 그렇게 합시다!"

의사인 남편이 웃으며 말했다. 그래서 아이는 한밤중에 '배달'되어 왔다. 혼이 쏙 빠지면서도 잔뜩 흥분된, 기억에 남을 만한 시작이었다.

나는 '타이밍'이란 마치 음악을 들을 수 있는 귀와 마찬가지로 태어나면서부터 우리에게 주어진 하나의 선물이라고 생각했었다. 하지만 이 선물을 특별히 선사받은 듯한 사람들을 만나면서 점차 이것이 특별히 노력을 기울이는 사람들이 터득하게 되는 기술이라는 자각이 일기 시작했다. 좋은 타이밍을 찾는 기술을 완전무결하게 익히기 위해서는 다섯 가지 요구사항을 마음속에 간직하고 있어야 한다.

첫째, 결정적인 타이밍이 어떻게 사람들과의 관계 속에 존재할 수 있는지를 알려고 부단히 노력하라.

셰익스피어의 진정한 내면은 그가 쓴 이런 말 속에 녹아 있다.

"사람들 사이에서 일어나는 사건 속에는 밀물과 썰물이 있다. 물이 흘러넘치듯 행운으로 이끌리는 것이다."

일단 당신이 '바로 그 순간임을 아는 것'의 중요성을 충분히 이해하고 나면, 당신은 그 능력을 갖게 되는 첫걸음을 뗀 것이다.

둘째, 분노와 공포와 상처와 질투와 후회의 소용돌이에 휘말려 있을 때는 절대로 행동하지도 말하지도 않겠다는 약속을 당신 자신에게 하라.

이런 감정들에 휘말려드는 것은 가장 정교하게 개발된 '타이밍 기계'를 완전히 부숴버릴지도 모른다. 한번은 내가 격렬하게 토론이 벌어지고 있던 공적인 회의에서 이성을 잃고 거친 표현을 써가며 빈정거리는 투로 말한 적이 있었다. 내가 상정한 계획은 그 즉시 철회되었다. 그 자리에 함께 계셨던 아버지는 그날 밤 내 방으로 와서 아리스토텔레스가 한 말을 들려주었다.

"그 누구도 화를 낼 수는 있다. 그건 쉬운 일이야. 하지만 화를 내려면 제대로 된 사람에게, 제대로 된 계급, 제대로 된 때를 골라, 제대로 된 목적을 가지고, 제대로 된 방법으로 화를 내야 한다. 그건 아무나 할 수 있는 일이 아니며 쉬운 일도 아니다."

셋째, 정확하게 내다보는 힘을 가져라.

미래는 닫혀 있는 책과 같다. 앞으로 무슨 일이 일어날 것인지는 지금 무슨 일이 일어나고 있는지에 의해 결정된다. 비교적 소수의 사람들만이 현재를 넘어서서 자신의 계획을 수립하는 의식적인 노력을 할 수 있고, 미래의 가능성을 측정할 수 있고, 거기에 따라 행동할 수 있을 뿐이다. 이러한 예견 능력은 사업에서 무척 중요하다. 많은 기업들은 업무의 진척 상황을 재는 주요한 척도를 마련해놓는다. 가정을 꾸려나가는 데도 이것은 똑같이 중요하다. 해변으로 소풍 가기에는 토요일이 좋겠지? 만일을 대비해서 얇게 저며 익힌 샌드위치용 차가운 고기와 빵을 준비하는 게 좋을 거야. 혼자 사시는 장모님의 건강이 악화되기 시작한 걸까? 우리 집 가까이로 이사를 오시게 하든가 요양원으로 모신다고 하면 기분이 좀 좋아지실 것 같은데. 좋은 타이밍을 잡는 기술이란 현재의 행동이 미래의 문제점을 제거하거나 미래에 이익을 가져오게 하는 그 '순간'을 포착한다는 의미이기도 하다.

넷째, 인내심을 길러라.

에머슨의 말을 굳게 믿어야 한다.

"만약 한 인간이 자신의 몸에 불굴의 의지라는 나무를 심어놓고 무럭무럭 키운다면, 이 거대한 세계는 그를 중심으로 돌게 될 것이다."

인내심을 키우는 손쉬운 공식 같은 건 없다. 거기에는 지혜와 자기통제가 미묘하게 섞여 있다. 시의에 맞지 않는 행동이 모든 것을 망쳐버릴 수 있다는 사실을 명심해야 한다.

마지막으로 자신의 바깥에서 배워라. 이게 가장 어렵지만 그래서 더욱 중요하다.

매 순간을 모든 살아 있는 존재들이 공유하지만 개개인은 저마다 서로 다른 관점에서 그 순간들을 바라본다. 그 순간들이 다른 사람의 눈에는 어떻게 보이는지를 알게 된다면 '바로 그 순간'을 포착하는 데 큰 도움이 될 것이다. 이것이 자신의 바깥에서 배워야 하는 이유다.

위대한 박애주의자였던 뉴올리언스의 고 존 디버트 여사는 한겨울 밤 잡지를 뒤적이다가 어떤 만화에 사로잡혔다. 그 만화 속 누더기 차림의 두 노파가 꺼져가는 모닥불 앞에서 바들바들 떨고 있었다.

"무슨 생각하고 있수?"

만화 속의 한 노파가 물었다.

"다음 여름에 부잣집 마나님이 우리한테 멋지고 따뜻한 옷가지를 가져다주는 걸 생각하고 있었다오."

다른 노파의 대답이었다.

여러 병원에 후원을 할 뿐 아니라 적지 않은 자선기금을 내고 있던 디버트 여사는 한참 동안 그 만화를 내려다보았다. 그러다 마침내 다락방으로 올라가서는 트렁크들을 열더니 따뜻한 옷가지를 집어넣기 시작했다. 다음 날 그녀는 그것을 기부 단체에 가지고 갔다. 그녀는 언제 자선을 베풀어야 더 좋은 효과를 내는지, 그것을 언제 실행에 옮겨야 하는지, 그리고 그것이 누구에게 필요한 것인지를 분명히 알고 있었다.

성경에는 이렇게 기록되어 있다.

모든 것에는 이유가 있다.
하늘 아래 존재하는 모든 목적에는 '때'가 있다.

의미 있는 멈춤

몇 해 전, 유럽행 정기여객선을 타고 가던 중에 로버트 루이스 스티븐슨의 책을 읽다가 좀 이상한 단락에서 딱 시선이 멈추었다. 나는 도서실의 목록을 뒤져보았다.

"학교에선지 교회인지 시장이었는지 아무튼 극도로 바쁜 와중에, 뭔가 부족한 생명력의 징후가 느껴졌다."

내 생각에는 '부족한'이라는 말이 잘못 쓰인 것 같았다. 작가는 오히려 '풍부한'이라고 표현했어야 된다고 생각했다. 하지만 스티븐슨은 아무 문제가 없다는 듯 다음과 같이 계속 써나갔다.

"그런 사람들에겐 말을 하지 않는 게 좋다. 그들은 게으른 인간들이 결코 될 수 없으며, 천성은 충분히 관대하지 못할 것이기 때문이다."

에너지를 부산스럽게 드러내는 것이 생명력을 텅 비도록 만든다는 게 가능한 일일까? 스티븐슨의 생각이 무척이나 인상적이어서 다음 날

식탁에 함께 앉은 프랑스인 승무원에게 그 얘기를 꺼냈다. 그는 고개를 끄덕거리며 말했다.

"스티븐슨이 옳은 것 같네요. 이렇게 말하면 실례가 될지 모르겠지만, 작가의 생각은 특별히 당신네 미국인들에게 적용될 것 같군요. 많은 미국인들은 늘 뭔가를 하느라고 바빠서 인생을 즐기지도 못한 채로 노년을 맞고 마니까요."

맞은편에 앉아 있던 홍콩에서 온 병약해 보이는 조그마한 중국인 하나가 맞장구를 쳤다.

"사실입니다. 조용히 할 시간도 없는데 어떻게 정신을 성장시킬 시간이 있겠습니까. 시골길을 걷는 사람은 뛰는 사람보다 더 많은 걸 보는 법이지요."

그는 미소를 지으면서 뼈가 앙상한 손을 흔들어 보였다.

"가끔은 해야 할 일이 있더라도 오늘 하지 말고 다음 날 하도록 하십시오. 그러면 더 많은 걸 얻게 될 겁니다. 왜냐하면 더 오래 살 수 있을 테니까요!"

내게는 정말 궤변처럼 들리는 충고였다. 나는 삶을 꽉꽉 채우면서 살아왔었다. 한순간도 게으르지 않았다는 걸 자부심으로 삼아왔던 것이다. 하지만 이제 막 나는 조금이나마 '멈추어야 할 때 멈출 수 있는 연습'을 하기 시작했다. 그리고 이런 속도의 변화가 삶에 대한 흥미를 높여준다는 것을 서서히 느끼기 시작했다. 모든 것을 숨 가쁘게 인식하면 필요한 대상을 진정으로 감상하도록 내버려두지 않는다는 사실 또한 천천히 의식하게 되었다. 풍경들이 흐릿하게 사라지면서 세부적인 것들이, 색깔과 차원이, 그리고 깊이가 드러나고 있었던 것이다.

멈춘다는 것이 효과를 높일 수 있다는 사실은 놀라운 발견이었다. 가끔은 의도적으로 하루나 이틀 정도 일을 미루어두고 나면 나중에 일을 더 잘할 수 있었다. 중요한 것은 기다림이 위급한 상황을 상상함으로써 생기는 긴장을 몰아내고, 그래서 실수를 훨씬 덜 저지르게 만든다는 사실이다. 그렇게 되면 문제를 해결하기 시작하는 순간, 잠재의식에 의해 이미 그 문제들이 슬슬 풀리기 시작했음이 느껴질 것이다.

멈춤의 또 다른 이득은 도덕적으로 올바른 결정을 내릴 만한 더 좋은 기회를 마련해준다는 것이다. 근자에 유명한 스캔들의 핵심 인물 하나가 이런 식으로 말했다.

"나는 온 생애를 허둥지둥 살아왔다."

의미심장한 말이었다. 그는 정말 정신없이 살아와서 정직과 거짓의 경계에 켜진 신호등을 읽을 시간조차 없었던 것이다.

내가 발견한 또 다른 사실은 여유와 평온, 그리고 짧은 기간을 아무 목적 없이 지내면 사람들이 찾아든다는 것이었다. 이런 종류의 동료애를 잘 알고 있는 부류가 바로 어부들이다. 물론 이것을 성취하기 위해 어부가 될 필요는 없다. 남편 혹은 아내와 한 시간쯤 산책을 하고 윈도쇼핑을 즐겨보자. 혹은 아이들과 함께 숲으로 가서 솔방울이나 버섯을 따도 좋다(어린아이들은 본능적으로 '쉼과 멈춤'을 아는 존재다). 일요일에 일과 오락을 금지하는 고대의 규범은 영적 조화의 분위기를 만들어내려는 의도였다. 멈춤의 기술을 연습하면 당신은 진정으로 일주일 동안의 짐을 일요일에 모두 털어버릴 수 있을 것이다.

지난 몇 년 동안, 기업은 오후 한때 휴식 시간을 갖는 커피브레이크의 가치를 깊이 인식해왔다. 업무를 잠깐 중단했을 때 생산성이 더 높아진 것이다. 다수의 최고 경영진들이 점심식사를 한 후 30분 동안은 일체 전화를 받지 않는 규정을 마련하기도 한다. 끊임없이 밀려드는 방문객들과 마주쳐야 하는 어떤 사람은 약속과 약속 사이에 3분 정도의 간격을 두도록 임의로 정해놓았다. 그 짧은 시간 동안 그는 의자에 등을 묻고 책상 위에 다리를 쭉 펴서 올리고는 창밖을 바라본다. 그러면 마음이 텅 비고 기분도 더 좋아진다는데, 다음 손님을 맞을 때면 더욱 신선함을 느낀다고 한다.

뒤로 물러서서 자기 삶의 진로를 바라볼 줄 아는 사람은 진정제를 복용하지 않고도 마음을 가라앉힐 수 있는 방법을 아는 사람이다. 주부들이 왜 온갖 자질구레한 일들을 하다 말고 갑자기 실내화를 걷어차듯 벗어던지고는 소파에 벌렁 누워서 낮잠에 빠져드는지 그 이유를 아는가? 그녀가 만약 모든 걸 한꺼번에 해치우려고 한다면, 그 대단한 사명감이 그녀를 녹초로 만들어버릴 게 뻔하다. 하지만 잠깐 동안의 오수에서 깨어나면 상당량의 에너지가 자기 속으로 흘러들어옴을 느끼게 된다.

'멈추는 자'들은 '시간을 낭비하는 자'가 아니다. 그들은 '시간을 이용하는 자'들이다. 헨리 데이비드 소로가 월든 연못가에서 행한 혼자만의 명상은 우리가 경탄해 마지않는 그의 내면을 형성시켰다. 그것은 소로의 다음과 같은 말에 녹아 있다.

"세상에서 가장 날렵한 여행가는 일어나자마자 움직이는 자이다."

창조적인 '멈춤'을 실행해내려는 사람의 좌우명으로 더할 나위 없이 좋은 말이다.

그러나 자칫 멈춤이 과도하게 포장될 수도 있다. 잠을 깨고 5분쯤 더 침대에 누워 있는 것은 기분 좋은 일이다. 그러나 한 시간을 그렇게 있는 것은 우둔한 짓일 뿐 아니라 재앙에 가깝다. 얼마 있지 않아 우리는 결국 일어나야 하고, 회사로 출근을 해야 하고, 혹은 아이들을 학교에 데려다주어야 하며, 끊임없이 계속되는 기계적인 일상 속으로 들어가야만 한다. 하지만 우리가 만약 감정의 균형을 잡고 에너지를 조절하면서 의도적으로 속도를 늦출 줄 알면 이런 일상의 일들이 훨씬 나아질 것이다.

그런데 왜 이 좋은 걸 하지 않는 것일까? 힘이 그렇게 많이 들어가지도 않는데 말이다. 서두르지 않을 거라고, 정신없이 달려가지 않을 거라고, 필요하다면 지금 당장 이 일을 하지 않고 좀 미뤄둘 것이라고, 부디 굳게 마음먹으시기를!

남과 다르다는 것

 내 인생에서 가장 생생하면서도 쓰라린 기억 속에는 모자가 하나 놓여 있다.
 내가 열한 살이었을 때, 부모님은 군 주둔지에서 실시되던 여름 캠프에 나를 보냈다. 공식적인 검열에서 지적당하지 않고 매일 오후를 무사히 보내려면 캠프 유니폼 가운데 하나인 테두리가 넓고 나지막한 왕관 모양의 보이스카우트 모자를 쓰고 있어야만 했다.
 하지만 부모님은 내게 새 스카우트 모자를 사주지 않았다. 계속 지적을 받는 비극적인 수모를 겪은 뒤에야 비로소 전투모 하나를 우편으로 보내주셨다. 그것도 1917년에 만든 중고품으로. 그건 챙이 정말 넓었다. 그걸 쓰면 완전히 암흑 속에 갇힌 기분이었다. 꼭 맞지도 않아서 그 '왕관'은 나를 완전히 바보로 만들어버렸고, 그 모자를 쓸 때마다 시선이 집중되었으며, 나는 영락없이 집이나 그리워하는 꼬마애가 될 수밖에 없다. 나는 캠프장의 구경거리가 되었다.

　어쩌면 내 생각뿐이었을지도 모른다. 지금은 그 괴물 같은 모자 밖으로 빠끔히 내다보고 있던 조그맣고 창백한 얼굴을 나는 빙긋이 웃으며 기억할 수 있다. 하지만 그 당시에는 정말이지 심각했다. 내 기분은 그야말로 비참지경이었다. 왜 그랬을까? 그건 내가 다른 아이들과 달랐기 때문이다.

　외로움과 두려움이 깊었던 어린 시절의 에피소드를 추억할 수 있는 사람은 그리 많지 않을 것이다. 더구나 어른이 되어서까지 그 영향을 받는 경우는 극히 드물다. 그것은 실패의 두려움만큼이나 근원적인 공포이다. 다른 사람들과 다르다는 것은 다른 사람들로부터 애정을 얻는 데 실패한 것이고, 그런 실패에 대해 두려움을 느끼는 것이다. 하지만 우리가 만약 리더십의 가치를 인정하고, 목표한 바를 이루며, 성숙해지기 위해 힘을 다해 싸워나가려면, 이런 공포쯤은 극복해내는 법을 배워야 한다. 적어도 통제할 수는 있어야 한다. '남들과 다르다는 것'이 가져다주는 보상은 꽤 많다. 당신이 선택한 분야가 무엇이든 상관이 없다. 과학, 오락, 법률, 교육, 사업 등 어느 분야건 그들이 요구하는 것은 똑같이 평균 이상의 성과이다. 하지만 각 분야마다 분명히 다른 장점이 요구될 것이다.

　파티에서 가장 활력 있고 매력적인 손님은 생각이 번득이고 관찰력이 뛰어난 사람이다. 그는 남들과 다르다. 조사를 해보면 명백해질 텐데, 어떤 사람의 수익 능력은 새로운 아이디어를 만들어내고 끈기와 활력을 보여주며 기회를 놓치지 않는, 다시 말해 '다르게 사는' 그 사람의 능력과 거의 정확하게 일치한다.

대부분의 공포와 마찬가지로, '다르다는 것'의 두려움은 환한 곳으로 나오면 그리고 주목을 받고 있을 때면 현저히 줄어드는 경향이 있다. 그런 두려움의 밑바닥에는 자신에 대한 깊은 편견이 깔려 있다. 나의 어린 시절로 다시 돌아가서, 사실 그 우스꽝스런 모자는 일시적인 오락거리나 짓궂은 놀림의 대상이 되었을 뿐이었다. 그건 너무도 사소해서 오래 지속되지 않았을 것이다. 그럼에도 불구하고 나는 나 자신을 끊임없이 괴롭혀댐으로써 그 나쁜 기억을 생생하게 유지해온 것이다. 이것이 이기주의와 유사한 종류의 자의식이라는 사실을 분명히 인식하지 못한다면, 이 완고한 덫으로부터 벗어날 수 없을 것이다.

이 모든 것이 실은 당신의 상상에 의해 만들어진 것일지 모른다는 가정은 꽤 도움이 될 것이다. 어디에도 존재하지 않는 골칫거리를 괜히 끌어오는 우리를 무척이나 괴롭히는 이런 경향은 어린 시절부터 시작되는 게 확실하다. 이와 관련된 전형적인 예라고 할 수 있는 사건이 언젠가 우리 집 뒷마당에서 일어났다. 동네의 네 살짜리 꼬마가 조그마한 귀뚜라미를 우연히 보고는 찢어지는 목소리로 도와달라고 비명을 질러댔다.

세 살짜리 딸아이는 그걸 보고 비웃으며 말했다.

"귀뚜라미는 사람을 다치게 하지 않아."

딸아이는 더 큰 소리로 말했다.

"난 귀뚜라미가 좋아!"

하지만 네 살짜리 동네 꼬마는 자신의 두려움을 전혀 숨기려 하지 않은 채 간단히 말했다.

"귀뚜라미가 날 좋아하지 않아!"

'다르게 되는 것'의 공포를 줄이는 또 다른 방법은 자신에게 최면을 거는 것이다. 당신이 만약 정말 화가 나거나 웃음거리가 되었다면 그건 진실로 좋은 친구가 있기 때문이라고 생각해보자. 사상이나 실천적인 면에서 위대한 개척자들 중 극소수는 조롱과 비판, 심지어 순교로부터 자신을 지켜냈다.

역사적으로 위대한 종교의 지도자들은 대부분 규범을 따르지 않는 사람들이었다. 예수는 종교의 혁명가였다. 그는 권력을 무시한 채 안식일에도 아픈 사람을 치료했으며, 전통적으로 내려오던 관례를 깨고 세리稅吏든 죄수든 가리지 않고 음식을 나누었다. 그는 폭력을 두려워하지 않고 성전 밖으로 환전상을 몰아냈다.

다르다는 것은 그 자체로 용기를 가져다주지만, 또한 그 다르다는 것 때문에 불필요하게 사람들과 충돌하는 일을 피하는 기술이기도 하다. 대체로 사람들은 '다르다는 것'을 불편해하지만, 우쭐하는 태도를 싫어하는 것만큼 그에 대해 거부감을 느끼지는 않는다.

대단히 엄격한 개인주의자들은 이런 교훈을 전혀 받아들이지 않는다. 반세기 전, 공군력에 대한 빌리 미첼(미국 공군 역사에 가장 유명하면서도 논란의 대상이었던 '공군의 아버지'로 불린 장군-옮긴이)의 생각은 상당히 예언자적이었으며 정확했다. 불행히도 그는 자신에게 동의하지 않는 그 누구도 바보일 뿐이라고 생각했고, 그 생각을 감추려 하지 않았다. 결국 그의 희망과 꿈은 여러 해 동안 좌절되었고, 그의 꿈이 실현되었을 때는 이미 저세상 사람이었다.

흔히 주먹구구 식이라고 하는, 뭐든지 경험에 바탕을 두는 방법은 아주 간단하다. 당신이 좋아하는 것만큼 달라지라, 그렇지 않으면 다른 사람의 의견에 이러쿵저러쿵하지 마라! 만약 우리 모두가 자신에게 한 만큼만이라도 다른 사람이 옳다고 간단히 인정해왔다면 우리는 충분히 다른 존재가 되어 있을 것이다. 헨리 데이비드 소로는 여섯 살 때 자라서 무엇이 될 것이냐는 질문을 받았다. 소년 소로는 이렇게 대답했다.

"전, 제 자신이 될 겁니다!"

그리고 그는 그렇게 되었다.

자신의 삶을 살펴보라. 그러면 당신은 더 이상 '사람들이 이렇게 말하지 않을까'라는 두려움에서 벗어날 것이다. 그리곤 이렇게 계속 밀어붙이자.

"조금이라도 정통적인 것과 다르게 행동하라."

그렇게 행동해도, 당신이 생각하는 것만큼 벌칙이 따르지는 않을 것이다. 아니 그보다는 훨씬 많은 보상이 따를 것이다.

삶의 주인공이 되는 길

친애하는 샌디에게

몇 주 전 내가 보내준 졸업선물에 대한 너의 멋진 감사편지를 지금 막 받았다. 네가 받고 싶었던 선물이 "세상을 아주 달콤하게 살아갈 수 있는 방법"이었고, 그런 게 "근사하긴 하지만 반쯤은 바보 같은 생각"이라는 추신을 보면서 낄낄 웃어댔단다.

그래, 샌디야. 내가 그런 식의 독창적인 생각들을 못한다는 걸 시인해야겠구나. 하지만 수년 동안 난 그런 종류의 아이디어들과 우연히 마주치곤 했었지. 진부하지 않고, 내 마음을 오래도록 자극하기에 충분하도록 날카로운 아이디어 말이야. 활력을 불러일으키고 문제를 더 쉽게 해결해주며 훌륭한 목표에 이르는 지름길을 제공해주는 그런 생각들. 하지만 그 누구도 그런 걸 말끔하게 포장해서 선물해주는 법은 없지. 그런 건 이따금, 평소엔 전혀 지혜롭다고 생각해보지 못했던 사람들에게서 불쑥 배달되어 오곤 하지. 오랜 시간을 거쳐 검증된 규범들에 비추어본다면 그런 건 정말이지 아주 작은 변화에 불과할지 몰라. 하지만 그들은 내 삶을 편안하고 행복하게 만들어주었단다.

그래서 그걸 너에게 보내주기로 했어. 너한테도 유용하기를 희망하면서.

사실을 변화시킬 수 없다면, 태도를 바꾸려고 노력하라. 내 인생에서 가장 황량한 시기는 1942년~1943년 사이의 겨울이었단다. 난 영국 제8비행단 소속이었지. 우리 기지는 습도가 높은 외곽지역에 있었는데 그야말로 진흙의 바다였어. 지상에 근무할 때는 끔찍한 추위와 향수병에 시달렸고, 공중에 떠 있을 땐 표적의 대상이 되었지. 교체요원은 거의 없었고 사기도 뚝 떨어졌어.

하지만 기장機長을 맡고 있던 소위 하나는 항상 유쾌하고 농담도 잘하고 늘 웃는 얼굴이었지. 차가운 빗줄기가 퍼붓던 어느 날 온통 진창으로 변해버린 활주로를 복구하려고 사투를 벌이는 그를 보았는데, 종달새처럼 휘파람을 불어대고 있는 게 아니겠나.

"이보게, 소위. 이런 소란 중에 휘파람이 나오나?"

난 심술이 나서 말했지.

그는 내게 진흙이 잔뜩 묻은 얼굴로 눈짓을 찡긋하면서 말하더군.

"중위님, 현실이 태도를 바꾸지 않는다면, 거기에 맞도록 내 태도를 바꾸어야 한다, 이게 제 좌우명입니다."

그래, 샌디. 너 자신을 살펴봐야 해. 다음 세 사람 중에 넌 어떤 사람인 것 같니? 먼저 자신이 직면한 여러 가지 문제를 지성적이고 우아하고 용기 있게 헤쳐 나가는 사람. 그 다음은 후회와 쓰라림을 밖으로 드러내는 사람. 마지막으로 자신의 문제들로부터 어떻게든 벗어나려는 사람. 어떤 사람에게든 현실은 결코 굴복하지 않아. 결국 그 현실에 대해 우리가 어떤 태도를 가질 것인지 선택을 하는 거지. 그 선택이 네 손에 달려 있다는 건 너무도 당연한 일이겠지.

네트플레이를 하면 뒤쪽이 빈다는 사실을 명심하라. 교사와 학부모들의 모임이 있던 어느 날 밤, 친구이자 절친한 테니스 상대이기도 한 변호사가 내 의견에 반박하면서 제안을 했지. 내 의견을 충분히 토의해볼 필요가 있다고 내가 말하자, 그 친구는 자리에서 벌떡 일어나더니 내 말을 완전히 묵살해버리는 거야. 그렇게 하는 데는 이유가 있었어. 나는 단지 생각을 했을 뿐이지만 그는 사실을 쥐고 있었던 거지. 내가 가진 건 이론이었고 그가 가진 건 통계수치였던 거야. 그 친구는 그 주제에 대해 명백하게 알고 있었어. 내가 그의 관점에 쉽게 압도당할 만큼. 우리는 나중에 로비에서 만났는데, 그 친구가 눈을 찡긋하면서 말하더군.

"네트플레이를 하면 뒤가 빈다는 걸 모르고 있었나?"

그건 맞는 말이었지. 스트로크가 약하거나 위치를 잘못 잡은 상태에서 무작정 네트로 돌진하면 결국 속절없이 공격을 당할 수밖에 없거든. 적절한 대비나 계획 없이 돌진하는 꼴이니까. 숙제를 하든, 사실을 직시하든, 기술을 연마하든, 넌 그 모든 것이 네게 중대한 시도들이었다는 걸 명심하기 바란다. 허세를 떨어서는 안 된다는 말이야. 별일 있겠냐고 네가 허세를 떠는 순간, 상대는 멋지게 백핸드 스트로크를 날릴 것이고 공은 네 옆으로 빠져나갈 테니까.

무도회가 끝났으면 댄싱 슈즈를 벗어라. 어린 시절에 고모한테서 이 말을 듣고는 정말 혼란스러웠단다. 나중에 고모가 자세하게 그 의미를 들려주기까진 말이야.

희생의 제물은 여동생이었어. 누이는 화려하고 활력 넘치는 파티에 참석해 사람들로부터 한껏 인기를 끌고 돌아왔어. 굉장한 주말을 보냈던 모양이야. 하지만 보잘것없는 아파트와 일상으로, 그리고 맨날 보는 친구들에게 돌아왔다는 사실에 그녀는 비탄을 금치 못했는데 이때 고모가 나섰던 거지.

"이보게, 어린 아가씨."

점잖게 운을 뗀 고모는 이렇게 덧붙였지.

"그 누구도 산꼭대기에선 살 수 없단다. 산꼭대기로 가는 건 때로 멋진 일이지. 영감을 주고 새로운 전망을 가져다주니까. 하지만 누구든 다시 내려올 수밖에는 없어. 인생이란 산의 정상이 아니라 계곡에서 이루어지는 거니까. 농토와 정원과 과수원이 있는 곳, 쟁기로 갈고 씨를 뿌리는 곳, 산꼭대기를 흘끗 바라보고 내려오면서 미래를 설계하는 그곳, 인생이란 거기에 있단 말이야. 그러니 파티에 신고 갔던 댄싱 슈즈를 그만 벗어놓으시지!"

댄싱 슈즈를 일하는 신발로 갈아 신는 시간이 돌아왔을 때, 고모의 말씀은 불변의 진리가 된단다.

주위 사람의 후광을 빛나게 하라. 어느 일요일 아침, 시골 교회의 신도석 뒷자리에 앉아 꾸벅꾸벅 졸고 있던 내 귀에 신도들에게 강변하는 노목사의 음성이 희미하게 들려왔단다.

"그대 자신의 후광이 어떻게 빛이 날까 고민하지 말고, 그대 이웃의 후광이 빛나도록 도와주시오!"

그 소리에 잠이 확 달아나버렸어. 그건 이웃과 지내는 문제에 관한 가장 멋진 말이었으니까.

사람들은 누구나 후광이란 걸 갖고 있단다. 마술을 불러일으키는 우스꽝스런 상상화 같은 걸 보면 사람들의 얼굴 뒤편에 신성한 빛이 둥그스름하게 그려져 있는데, 그게 바로 후광이란 거지. 그걸 보고 있으면 이기심을 버리고 타인에 대해 흥미와 관심을 가져야겠다는 생각이 들어. 빛이 내게만 존재하는 것이 아니거든. 여기엔 심오한 심리학적 진리가 깃들어 있는데, 나만 홀로 빛을 발하는 존재라는 건 결국 다른 모든 것이 어둠에 싸여 있다는 것과 마찬가지라는 얘기가 되니까. 하지만 내 주위 사람들의 후광이 모두 환하게 빛을 발한다면 나 또한 저절로 환해지겠지.

메아리의 법칙에 유의하라. 뼈아픈 충고를 들었을 때만큼 그때의 상황이 생생하게 기억나는 것도 없을 거야. 기숙사에서 집으로 돌아가던 학생들 몇이서 기차 식당 칸에 모여 있었지. 이런저런 얘기들이 오가다가 부정행위에 대한 얘기가 나왔는데, 한 학생이 순순히 시인을 했단다. 그는 시험을 칠 때마다 매번 부정행위를 했다고 하더군. 그는 그게 그다지 어렵지도 않았고 얼마큼은 유익했다고까지 말했지.

바로 그때 복도 건너편의 탁자에 홀로 앉아 있던 은행가나 회계원처럼 보이던 말끔하게 생긴 한 남자가 앞으로 몸을 숙이더니 우리에게 말하더군.

"자네 말이야."

그는 부정행위의 '사도'를 지적하며 말했지.

"내가 자네였다면 아마도 메아리의 법칙이 존재한다는 사실에 유의했을 거야."

자신이 한 행동에 대해 반드시 책임을 지게 된다는 메아리의 법칙, 정말 그런 게 있는 걸까? 대학이 과연 그가 정직한지 아닌지, 좋은 학생인지 못된 학생인지를 가늠해서 그에 상응하는 대가를 지불할 수 있단 말인가? 확신하긴 어려운 일일 거야. 하지만 역사 이래로 직관과 관찰에 의해 확신하게 된 것은 "인간이란 결국 뿌린 대로 거둔다"라는 사실이야.

내가 아는 만큼 너도 알고 있겠지만, 이 신비한 영역에는 최종적인 답이 없어. 어떤 사람이 말했듯, 내가 너라면 메아리의 법칙을 유심히 지켜볼 거야!

샤워할 때 비옷을 입는 사람은 없다. 아주 오래전 내가 보이스카우트 단원이었을 때, 우리 분대장은 숲을 사랑하는 열렬한 자연주의자였단다. 그는 우리를 데리고 하이킹을 가면서 단 한 마디도 하지 않았지. 우리가 발견하는 것을 스스로 설명하도록 도전의 기회를 준 거야. 나무와 식물, 새와 야생의 모든 것들. 우린 그가 보는 것의 4분의 1도 보지 못했고 그를 반도 만족시켜주지 못했지.

"창조는 너희들 주변에 있단다."

그는 두 팔을 커다랗게 벌리고 원을 그리며 큰 소리로 말하곤 했지.

"너희들이 그걸 지킬 수 있어야 해. 그렇게 하려면 단추를 꼭꼭 채우는 사람이 되어선 안 돼. 샤워를 할 땐 비옷을 입어선 안 돼!"

샤워부스 안에서 뺨까지 단추를 꼭꼭 여민 채 비옷을 입고 서 있는 우스꽝스런 사람을 상상하던 그때의 나를 잊을 수가 없단다. 그의 말은 내게 굉장한 자각을 가져다준 기억할 만한 가르침이었지. 내가 발견한 비옷을 벗어버리는 최고의 방법은 새로운 경험에 스스로를 노출시키는 것이란다. 일상은 눈을 흐릿하게 만들고 귀를 어둡게 만들지. 새로움만이 눈과 귀를 밝고 환하게 만드는 거야. 그래서 네가 재미있고 흥분되며 삶의 기대를 높일 수 있는 감각을 원한다면, 단추를 꼭꼭 여미는 사람이 되어서는 안 돼. 비옷을 벗어. 그러면 창조의 신비 속으로 스며들게 될 테니까!

내가 얘기한 여섯 가지는 실은 하나의 목표를 향해 있단다. 그건 삶이라는 무대에 더 강렬하게 참여하고, 더 깊이 빠져 들어가는 거야. 하지만 이런 기회가 자연스럽게 다가오지는 않을 거야. 그리고 인생은 지극히 공평해서 우리 각자에겐 똑같은 시간이 주어져 있어. 그 시간은 가공되지 않은 원재료인 셈이지. 그걸 가지고 무엇을 하느냐에 따라 우리의 모습이 결정되는 거야.

  어느 현자가 말했지. 비극은 고통을 당하는 것이 아니라 놓쳐버리는 것이라고. 이 말을 꼭 가슴에 새겨놓길 빈다.

성공에 대한 새로운 잣대

인근의 한 대학에서 학위 수여식에서 연설을 해달라는 부탁을 받았다고 하자 한 친구가 말했다.

"고민할 게 뭐 있나. 자네가 할 일은 성공에 이르는 아주 간단한 공식을 졸업생들에게 가르쳐주는 거야."

그는 장난스럽게 한 말이었지만, 내 마음을 강하게 울렸다. 그 말을 생각하면 할수록 성공에 이르는 아주 간단한 공식이란 게 정말 있을 거라는 확신이 더욱 강해졌다. 누구나 인식할 수 있고 누구에게나 적용할 수 있을 만큼 현명한 방법!

미국 기업에서 최우수 직원의 자리를 놓고 치르는 경쟁은 정말이지 끔찍하다. 해마다 기업은 대학 성적을 토대로 지원자들을 선발하고, 우수한 재원을 특별 채용의 형식으로 끌어들이기도 한다. 기업이 진정으로 찾는 건 무엇일까? 두뇌? 에너지? 노하우? 물론 매력적인 요소다. 하지만 이런 것들은 한 사람의 '현재'만을 알게 할 뿐이다. 만약 그가 결정권을 가진 최고 경영자의 자리에 있게 된다면, 지금의 능력에 두세 배나 높은 효과를 얻어낼 수 있는 뭔가 다른 요소가 덧붙여져야 할 것이다. 이 마술 같은 특질을 묘사하는 단 하나의 단어가 있다. 바로 '완전무결'이다.

기본적으로 이 말은 '전체성'을 의미한다. 수학에서 '완전무결'은 분수의 형태로 표시할 없는 수, 즉 '정수整數'를 말하며, 사람에 비유하자면 더하거나 보탤 것이 없는 사람에 해당한다. 그는 생각과 말이 다르지 않으며, 거짓말을 한다는 것은 있을 수 없다. 그는 믿는 바와 실행하는 것이 다르지 않으며, 그래서 일을 처리하는 데 있어 자신이 세워놓은 기준과 마찰을 일으키는 경우가 없다. 확신하건대 그는 어떤 일을 성취함에 있어 여분의 에너지가 필요하다거나 다른 사람의 생각을 빌려올 것인가를 두고 전혀 내적 갈등을 일으키지 않는다.

'완전무결'의 진정한 의미는 확고한 태도를 가진다는 것이다. 예를 들어보자.

완전무결은 본래대로의 최고의 모습으로 살아가는 것을 의미한다. 수년 전 투자를 잘못해서 재산을 날려버린 한 작가가 파산을 했다. 그는 주머니에 남은 동전 몇 푼마저 빚을 갚는 데 몽땅 써버렸는데, 그렇게 3년을 지나는 동안에도 근근이 작품 활동을 하고 있었다. 그를 돕기 위해 한 신문사가 나서서 기금을 조성하기로 했다. 명망가들이 거액을 기부했다. 그건 하나의 유혹이었다. 기금을 받아들인다는 것은 짐을 벗어버리는 걸 의미했다. 하지만 마크 트웨인은 거절했고, 기부자가 보내온 돈을 모두 돌려보냈다. 그로부터 일곱 달 후 새로 쓴 소설이 인기를 끌면서 그는 빚을 모두 갚을 수 있었다.

완전무결은 명예를 최고조로 높이는 것을 의미한다. 누군가는 반대할지도 모르겠지만 정직한 것과 명예는 같지 않다. 위대한 건축가 프랭크 로이드 라이트는 언젠가 미국 건축연구소에서 행한 연설에서 이것에 대해 말한 바 있다.

"명예란 뭘까요? 벽돌 하나의 명예는 무엇입니까? 명예로운 벽돌이 되게 하는 건 무얼까요? 하나의 벽돌을 쌓는 것, 그게 아닐까요? 판자의 명예를 만드는 건 무엇입니까? 하나의 좋은 판자가 되는 것, 그런 거 아닌가요? 그렇다면 한 인간에게 있어 명예는 무얼까요? 그건 진정으로 한 사람의 개인이 되는 겁니다."

완전무결이란 양심을 지니는 것, 그리고 양심에 귀 기울이는 것을 의미한다. 머지않아 죽음을 맞이할 운명의 도시에서 적들과 마주하고 있던 마틴 루터 킹이 말했다.

"조금이라도 양심에 반하는 행동을 한다면 안전하지도 현명하지도 않을 것입니다. 그래서 나는 여기에 섰습니다. 신이 나를 도울 것이며, 그렇지 않다면 나는 아무것도 할 수 없습니다."

또한 완전무결이란 신념에 따르는 용기를 의미한다. 이것은 당신이 생각하고 있는 것이 옳다고 믿고 행동하며, 필요할 때엔 혼자서도 나아가며, 당신이 틀렸다고 알고 있는 것을 소리 높여 말할 수 있는 능력을 포함한다. 대형 병원의 수술실에서 한 젊은 간호사가 자신의 일에 온전히 책임을 지는 정식 간호사로 첫날을 맞이했다.

"선생님께선 지금까지 살균 거즈 열한 개를 제거하셨습니다. 수술 중에 모두 열두 개를 썼는데 말이죠."

그녀가 외과의사에게 말했다.

"무슨 소릴 하는 거야? 모두 제거했는데."

의사가 분명하게 말했다.

"우린 지금 절개한 걸 꿰매야 해."

"안 됩니다. 분명히 수술 중에 거즈를 열두 개 썼습니다."

간호사가 봉합에 반대를 했다.

"잘못되면 내가 책임을 질 테니까. 봉합실을 가져와!"

외과의는 인상을 쓰며 짧게 외쳤다.

"그렇게 하시면 안 됩니다! 환자를 생각하셔야죠!"

간호사가 큰 소리로 맞섰다.

그때 의사가 미소를 지으며 자신의 한쪽 발을 들어올렸다. 그의 발밑에 문제의 열두 번째 거즈가 놓여 있었다.

"훌륭하게 해냈네."

의사는 그녀의 '완전무결함'을 시험해본 것이었다.

완전무결이란 아무도 강제할 수 없을 때 자신의 의지에 따르는 것을 의미한다. 어떤 점에서 이것은 완전무결에 대한 핵심적인 개념이다. 어느 누구도 강제로 당신을 본래 가지고 있던 최고 모습으로 만들어줄 수는 없으며, 어느 누구도 당신을 그곳으로 끌고 들어갈 수 없으며, 어느 누구도 당신의 양심에 당신을 복종시킬 수 없다. 완전무결에 이른 자기 자신만이 언제든 가능하게 할 뿐이다.

제2차 세계대전 당시 연합군이 프랑스로 돌진해 들어갔을 때, 미군 대령과 그의 운전병이 길을 잘못 들어 독일군 무장병력 쪽으로 들어가 버렸다. 뒤늦게 그 사실을 알게 된 두 사람은 황급히 차에서 뛰어내렸는데, 운전병은 길가 숲 속으로 뛰어들었고 대령은 길 아래쪽 도랑에 몸을 숨겼다. 독일군은 운전병을 발견하고 총을 쏘며 추격했지만 대령은 쉽게 발각되지 않고 숨어 있을 수가 있었다. 하지만 그는 결전을 택하고 탱크와 기관총에 맞서 권총을 뽑아들었다. 그리고 그는 사살당했다. 나중에 체포되었다가 석방된 운전병에 의해 이 이야기가 전해졌다. 대령은 왜 무모한 싸움을 택한 것일까? 아무도 싸우라고 강요할 수 없는 상황이었음에도 불구하고 그는 의무에 대한 자신의 생각대로 행동했다. 그것이 살아남는 것에 대한 희구보다 더 강했던 것이다.

어려운 일이라고? 그렇다. 그래서 진정으로 완전무결에 이르는 사람은 드물며, 그들은 존경받는 것이다. 완전무결함을 몇 개의 개념으로 나누어서 살펴보자.

첫째, 대담성이 있다. 완전무결은 위험을 무릅쓰게 하고, 도전을 맞아들이며, '만족스럽진 못하지만 안전한' 길을 거부하게 만드는 힘을 부여한다. 완전무결에 이르려는 사람은 자신감에 차 있으며 자기 자신을 믿는다. 자신을 부인할 이유가 없기 때문이다.

둘째, 저항정신이 있다. 완전무결은 흔들리지 않는 혼자만의 목적의식과 굴복을 거부하는 끈질김을 보여준다. "절대로 포기하지 않는다!"라고 윈스턴 처칠은 말했다.

"절대로, 절대로, 절대로, 절대로. 크든 작든, 많든 적든, 명예와 양심이 허락하지 않는 한 굴복하지 않을 것이다."

그리고 그는 결코 굴복하지 않았다.

셋째, 평온이 있다. 완전무결한 사람은 적을 두렵게 만든다. 그들은 적으로 하여금 패배를 받아들이게 하고 심지어 자신의 부정직함을 시인하도록 하는 평온함을 타고난 사람이다. 해리 에머슨 포스딕(20세기 초 가장 두드러진 진보적 성향의 침례교 목사. 모든 교파를 초월한 뉴욕 시 '리버사이드 교회'의 초대 목사를 지냈다. -옮긴이)의 설명에 따르면, 에이브러햄 링컨은 1858년 상원의원에 도전할 당시 지인들로부터 정치 연설을 하지 말라고 여러 차례 충고를 받았다. 링컨의 대답은 이러했다.

"만약 이 연설이 나를 낙선시킨다면 그것은 나로 하여금 진실로부터 멀어지게 하는 것과 같다."

그는 침착했다. 그는 낙선했지만 오히려 그 연설로 인해 2년 뒤엔 대통령이 되었다.

이 외에도 완전무결이 한 사람에게 가져다주는 혜택은 수없이 많다.

우정, 신뢰, 감탄, 존경 등. 우리에게 희망적인 사실은 누구나 완전무결을 거의 본능적으로 인식하고 있으며, 거기로 이끌리는 것을 억제할 수 없다는 것이다.

그렇다면 어떻게 완전무결함에 이를 수 있을까? 딱 맞는 답이 있을 리 없다. 하지만 내 생각엔, 그 첫째 단계는 작은 것들에도 자신의 모든 정직성을 동원해 실행에 옮기는 교육을 스스로에게 시키는 것이다. 진실을 말하는 것이 다소 불편하다 하더라도 조그마한 거짓말도 하지 않는 것, 뻔히 사실이 아닐 텐데도 그럴 듯하게 말을 만들어 하는 따위의 짓을 하지 않는 것, 회사에서 사적인 전화를 쓰지 않는 것 등.

이런 교육은 정말 자질구레한 것처럼 보이지만 당신이 진정으로 완전무결을 구한다면, 그리고 그것을 찾기 시작한다면 그 자체로 동력이 되어 당신에게로 스며들 것이다. 그리고 마침내 전혀 손상되지 않은 완전무결함 그 자체의 가치를 당신은 보게 될 것이다.

결국 성공에 이르는 가장 손쉬운 방법은 무엇일까?

그렇다. 완전무결이야말로 성공에 이르는 가장 손쉬운 방법이다. 그것은 명성, 돈, 권력, 혹은 그 어떤 틀에 박힌 잣대로도 잴 수 없는 것이기 때문이다. 만약 당신이 완전무결함을 탐구하고 발견한다면 당신은 당연히 성공의 자리에 서 있을 것이다.

위험을 환영하는 태도

화려한 달 6월이면 미국의 젊은이들은 학교를 졸업한다. 그들의 인생에서 이때에 내딛는 첫걸음이야말로 무엇보다 중요할 것이다. 준비에서부터 완성에 이르는 길고긴 계단에 놓이는 첫 발걸음. 황금빛 오후 혹은 라일락 꽃향기가 흩날리는 저녁, 누군가가 그들에게 졸업증서를 건네준다. 그 순간 그들은 가능성만으로 흡족했던 세계로부터 구체적인 행동을 요구하는 세계로 건너간다.

인생의 온갖 전투를 치르면서 지칠 대로 지친 우리 구세대는 이 젊은이들에게 무슨 말을 해주어야 할까? 우주시대의 위대한 모험을 공유할 수 있게 한, 세계에서 가장 부유한 국가에 태어났다는 사실을 축하할까? 유명해지는 법이나 별 노력 없이 사업에 성공할 수 있는 비법을 말해주면 되는 것일까?

그렇지 않다. 우리는 그들에게 진실을 말해주어야 한다. 그들이 얻은 것이 무엇이며, 우리가 그들에게 요구하는 것이 무엇인지, 왜 그들이 우리에게 필요한 존재인지를 알려주어야 한다.
우리가 그들에게 말해주어야 하는 것은 이런 것이다.

졸업생 여러분, 곤경에 빠진 것을 환영합니다. 불확실성과 위험에 빠진 것을 환영합니다. 여러분의 국가가 전도유망하며 강한 힘을 지녔다는 것은 사실입니다. 그러나 우리는 적대적인 세계에 고립된 요새라는 사실을 알아야 합니다. 이 혼란에 빠진 행성에는 친구보다 훨씬 더 많은 적들이 있습니다. 중립을 지키는 국가들조차 우리가 잘 되기를 원하지 않습니다.
여러분이 보는 어디에나 우리의 문제는 거대합니다. 여러분의 앞 세대들은 외부의 공격에 맞서 세 번의 전쟁을 치렀습니다. 경제와 사회 정의라는 내부의 문제들을 안고서 비틀거리며 싸웠습니다. 우리는 최선을 다했으며 결과 역시 그리 나쁘진 않았지만, 어쩌면 그 과정에서 우리는 많은 것을 외면한 것 같습니다.
여러분 세대에서 범죄율이, 특히 청소년 범죄율이 점차로 증가하는 이유는 무엇일까요? 은밀히 주고받는 뇌물과 교실에서 행해지는 부정행위는? 온갖 영상매체가 보여주는 가학적 성행위와 포르노그래피, 극장에서 돌아가는 성도착의 영상들은?
틀림없이 이들은 예전에도 여전히 존재했던 타락과 부패의 역사적 징후들입니다. 여러분 세대가 해야 할 일은 앞 세대가 찾지 못한 답을 찾는 것입니다.

그러면 답은 무엇일까요? 그 답은 바로 '사람'입니다. 물론 보통의 사람을 뜻하는 것은 아닙니다. 어떤 특별한 종류의 사람을 말합니다. 우리는 정직한 사람이 필요합니다. 거짓을 경멸하고 약속을 저버리는 것을 불명예로 여기는, 엄청난 인내심을 요하는 위대한 정직성을 지닌 사람이 필요합니다.

우리에겐 지성인이 필요합니다. 그는 가능성을 진단하고 판단하고 행동할 수 있는 사람을 말합니다. 정부는 외국을 돌아다니며 최고의 인재를 얻기 위해 미친 듯 찾아 헤매고 있습니다. 지성은 그 자체로 황금이 아니라 미래를 황금의 시대로 만드는 재료입니다.

우리는 대담한 사람을 필요로 합니다. 그는 끊임없이 자극을 받는 사람이며 위험에 멈칫거리는 사람이 아닙니다. 필요에 따라 위험과 실패를 면밀히 계산할 수 있지만, 모든 것을 잃고도 또다시 기꺼이 위험에 맞서는 사람입니다.

우리가 필요로 하는 사람은 인내하는 사람입니다. 자유를 방종의 수준으로 밀고 나간다면 위험에 빠지고 말 것입니다. 인내가 끝나는 곳에는 맹목이 시작될 뿐입니다. 역사는 여기에 대해 분명히 말합니다. 일찍이 어떤 국가도 투쟁 없이, 기꺼이 싸우려는 의지 없이 자유를 쟁취한 적이 없다는 것을.

우리가 필요로 하는 사람은 나라를 사랑하는 사람입니다. 나라를 사랑하는 일은 우리 모두에게 필수적이지만, 이는 단순히 다른 국가는 나쁘다는 맹목적인 자부심이 아닙니다. 자부심이란 자신감과 신념과 성취감의 동의어입니다.

우리는 흥겨운 사람을 필요로 합니다. 따뜻한 사람, 인생을 사랑하는 사람이 필요합니다. 그들은 변화를 불러옵니다. 우리는 상상력과 유머와 호기심, 국경을 초월하고 세계의 시민으로 아름다운 사랑을 지닌 사람이 필요합니다.

그렇다면 이런 사람들은 어디서 오는 걸까요? 그들은 냉철하게 판단하고, 편견에서 자유로우며, 필요하면 희생을 요구할 수도 있는 '어떤 국가'에서 태어납니다. 그 '국가'의 시민은 그들 자신보다 더 나은 사람이 되기 위해 끊임없이 노력하는 사람들입니다.

그런 사람들은 이타심을 삶의 기본 철칙으로 삼는 가정에서 태어나며, 자제심을 기본적인 과목으로 가르치는 학교에서 길러집니다. 또한 교육이라는 개념을 지식의 습득에 두지 않고 정의와 명예와 인류에 대한 봉사라는 멀고 험한 목표를 향한 끝없는 순례로 삼는 대학에서 배출됩니다.

이 나라가 만들어진 이래, 해마다 배출되는 졸업생들 가운데 많은 이들이 그런 사람들이었습니다. 우리의 별이 계속 떠오르는 이유가 거기에 있었습니다. 여러분 세대 역시 그런 사람들을 만들어낼 것입니다. 그러나 전보다 그 숫자가 더 많다고 할 수 없습니다. 역사의 밀물과 썰물은 더 빠르게 바뀌고 있으며 욕구는 전보다 훨씬 더 크기 때문입니다.

졸업생 여러분, 자유는 단지 권리만을 뜻하는 것이 아닙니다. 그것은 시련입니다. 시련을 통과할 수 없는 사람은 자유가 시련임을 절대 받아들이지 않을 것입니다. 이제 가혹한 성능 시험장에 온 것을 환영합니다. 여러분의 모든 용기와 에너지를, 성취할 수 있다는 결단을 끌어모으십시오.

여러분에겐 그들이 필요합니다. 여러분의 국가가 여러분을 너무도 필요로 하듯이.

6

자아 발견의 순간
그 모든 기적들이 일어난다

우리는 종종 낯선 이에게 엮여서 큰 곤욕을 치르곤 한다. 그 낯선 이는 바로 '우리들 자신'이다.

대체 우리와 함께 매 순간을 공유하는 그 이상한 인물은 누구란 말인가? 그는 어찌하여 우리가 생각하고 행동하는 방식 그대로를 따라 하는 것일까? 그럼에도 불구하고 잘못된 행동과 터무니없는 실수들이 일어나는 이유는 무엇일까? 뭔가를 지나치게 좋아하고 유별나게 싫어하는 일이 생겨나는 이유와 '그 이상한 인물' 사이에 어떤 관계가 있는 건 아닐까? 우리 안의 그 존재로 인해 일어나는 충동과 욕구는 왜 그렇게 예측하기도 이해하기도 힘들까?

이 물음들에 대답하는 건 간단한 일이 아니다. 자아에 대한 완전한 이해는 거의 불가능한 일인지도 모른다. 하지만 우리 내면에서 혹은 외부의 어떤 존재가 우리에게 스스로에 대해 뭔가를 일러주는, 전혀 예기치 못한 순간이 다가올 때가 있다. 그 순간 우리는 '자아'라는 이름의 '다른 존재'에 대해 알게 되는 것이다.

살아가면서 때때로 물리적 조건이나 배경이 자아를 발견하는 데 중요한 요소가 되지 못한다는 사실을 깨닫게 되는 순간이 있다. 참으로 놀라운 일이다!

확실히 내 경우엔, 거의 모든 일이 바다 가까이에서 일어났다. 다른 사람은 산이 배경이 될 수도 있고 사막에서 뭔가가 일어났을 수도 있다. 중요한 것은 바다든 산이든 사막이든 그 물리적 배경 자체가 아니라, 자신을 지배하고 있는 환경이 행사하는 강력한 힘이다.

당신이 행복감과 만족감을 동시에 느끼는 바로 그 순간 자아의 발견이 일어난다. 또한 좌절이나 혼란에 빠졌을 때 당신은 자아를 발견하게 될 것이다. 혹은 최소한의 자기반성을 하는 순간이 당신으로 하여금 자아를 발견하도록 하는 시간일 수도 있다. 힘이란 바로 그런 것이다.

이것도 '인과의 법칙'에 해당되는 것일까?

아마도 그럴 것이다.

마음 어루만지기

얼마 전 내게도 침체기란 것이 찾아왔었다. 괜히 힘이 쭉 빠지고 열망도 사라져버린 것 같은, 그래서 마지못해 일을 벌여놓고서는 막상 시원찮은 결과에 허둥대다 낭패를 보는, 가끔씩 사람들에게 불쑥 찾아드는 그것 말이다. 매일 아침 나는 이를 악물며 중얼거리곤 했다.

"오늘은 기운이 날 거야, 넌 할 수 있어! 지금까지도 해왔잖아."

하지만 그런 다짐도 별 소용없이 여러 날이 지나고, 무기력증은 점점 심해져갔다. 뭔가 도움이 절실히 필요한 시간이었다.

내가 내민 손을 잡아준 사람은 의사였다. 그는 정신과 의사가 아니라 일반 의사였다. 그는 나보다 나이가 많았고, 생김새는 우락부락했지만 지혜롭고 동정심이 많은 사람이었다.

"뭐가 잘못된 건지 통 모르겠습니다. 죽을 날이 얼마 남지 않은 것 같은 심정입니다. 무슨 대책이 없을까요?"

나는 비통하게 말했다. 그는 두 손을 모으고는 한동안 생각에 잠긴 듯 나를 응시하다가 불쑥 물었다.

"선생께는 그곳에만 가면 어린아이처럼 행복해지는 장소가 있나요?"

"어린아이처럼……?"

나는 그의 말을 따라 중얼거렸다.

"아마도 바닷가인 듯싶네요. 여름이면 가는 별장이 거기에 있는데, 우리 가족들 모두가 그곳을 좋아하죠."

"하루 정도 내가 하라는 대로 할 수가 있겠습니까?"

"그럼요."

나는 뭐든지 할 준비가 되어 있었다.

"좋습니다. 그럼 말씀드리죠."

그는 9시쯤 도착하도록 날이 밝으면 혼자 차를 몰고 그 해변으로 가라고 말했다. 거기에 가면 식사 정도는 해도 상관없지만, 읽거나 쓰는 것은 전혀 하지 말라고 했다. 라디오를 듣거나 누군가와 얘기하는 것도 하지 않는 게 좋다고 했다.

"그리고, 세 시간마다 필요한 처방전을 드리겠습니다."

그는 아무것도 적혀 있지 않은 빈 처방전 네 장을 뜯어내 각각의 처방전에 몇 글자씩 썼다. 그러더니 하나씩 접어서 그 위에다 숫자를 매겨서 건네주었다.

"9시, 12시, 3시, 6시에 각각 펼쳐보세요."

"증세가 그렇게 심각한가요?"

내 말에 그는 가볍게 웃음을 터뜨렸다.
"그렇진 않습니다. 하지만 처방전을 펼쳐보시면 가볍게 여겨서는 안 된다는 걸 알게 되실 겁니다."

다음 날 아침 나는 해변으로 차를 몰았다. 별로 큰 기대를 하진 않았다. 혼자라는 것, 그걸로 충분했다. 북동쪽에서 바람이 불어왔다. 바다는 회색빛이었고 거칠게 파도가 일었다. 나는 차 안에 앉아 아무것도 하지 않은 채 내 앞에 펼쳐진 풍경을 멍하니 바라보고 있었다. 9시가 되자 첫 번째 처방전을 펼쳤다. 거기엔 이렇게 씌어 있었다.
'조심스럽게 들어보세요.'
나는 종이 위에 씌어 있는 단어를 뚫어지게 바라보았다. 순간 나는 그 의사가 미친 게 아닌가 싶었다. 그는 음악도, 뉴스도 듣지 말고, 대화도 하지 말라고 했다. 그런데 뭘 조심스럽게 들어보란 말인가?
그래도 속는 셈치고 고개를 들고 귀를 기울였다. 끊임없이 일렁이는 파도소리와 갈매기가 끼룩거리는 소리, 가끔씩 하늘 높은 곳으로 날아가는 비행기 소리를 빼고는 어떤 소리도 들려오지 않았다. 하나가 더 있었다면 차에서 내렸을 때 바람이 거칠게 불어와 요란하게 문이 닫히면서 난 '쾅.' 하는 소리였다. 문득 이런 생각이 들었다.
'이런 소리들을 조심스럽게 들어보라는 얘기였나?'
나는 모래언덕으로 올라가 황량하게 펼쳐진 바다를 가만히 바라보았다. 바다의 소리가 너무 커서 다른 소리가 전혀 들리지 않았다. 그 순간 틀림없이 어떤 소리들이 존재하고 있다는 생각이 뇌리를 스치고 지나갔다. 사락거리며 부드럽게 모래가 움직이는 소리와 여린 바람이 모래언덕의 풀들을 스치며 지나가는 소리가 분명히 들릴 것만 같았다.

순간적으로 미묘한 느낌에 휩싸인 나는 바다귀리 수풀 사이로 고개를 기울였다. 그리고 거기서 발견했다. 만약 귀를 기울여 듣기만 한다면 모든 움직임은 멈추어버린다는 것을. 그 고요함 속에서는 생각조차 멈추어버린다. 그리고 그 순간 나를 둘러싸고 있는 존재들에 진정으로 귀를 기울일 수 있으며, 그때는 내면에서 일어나는 모든 소음들이 침묵하도록 해야 한다. 비로소 마음이 휴식을 취하는 것이다.

나는 차로 돌아와 운전석으로 미끄러져 들어갔다.

'조심스럽게 들어보세요.'

바다가 깊이 으르렁거리는 소리를 들으면서, 나는 바다의 광대함과 거대한 리듬, 달빛을 잡아끄는 밤바다의 부드러운 표면, 그리고 흰 이빨을 드러내며 일어서는 성난 폭풍에 대해 생각하였다.

나는 어린 시절 바다에서 배웠던 것들을 떠올렸다. 바다는 엄청난 인내를 요구했다(당신은 밀물이 밀려들고 썰물이 쓸려나가는 속도를 결코 따라잡을 수 없다). 그리고 바다는 엄청난 존경심을 요구했다(바다는 아무 생각 없는 멍청이를 반기지 않는다). 바다는 모든 사물들이 방대하고도 신비롭게 얽혀 있음을 일깨워주었다(바람과 조수와 해류, 폭풍전야의 고요와 돌풍과 허리케인은 바다 위의 새들과 바다 밑의 물고기들이 어디로 가야 하는지 그 방향을 결정하게 하는 지표가 된다). 이 모든 것들 가운데에서 가장 명백한 사실은 바다의 거대한 '빗자루'가 하루에 두 번씩 어김없이 모든 해변을 쓸어낸다는 것이다.

나는 나 자신보다 더 큰 존재들을 생각하고 있는 스스로를 자각하고 있었다. 거기에는 깊은 안식이 있었다.

아침이 천천히 지나갔다. 하나의 문제에 온전히 나 자신을 던져놓고 나니 세상이 텅 빈 것 같았다. 자동차의 라디오를 뚫어지게 바라보는데, 칼라일이 한 말이 머릿속으로 휙 날아들었다.

'침묵은 스스로를 위대하게 만든다.'

정오 무렵 바람이 구름들을 몰아갔고, 바다는 더욱 거칠게 움직이며 물방울을 흩뿌렸다. 나는 두 번째 처방전을 펼쳤다. 놀랍기도 하고 화도 치밀어 운전석에 등을 파묻었다. 처방전엔 이렇게 적혀 있었다.

'뒤로 돌아가도록 노력하세요.'

뒤라니, 어떤 뒤로? 그래, 과거로 돌아가란 말이겠지. 그래서 어떡하라고. 걱정거리란 게 모두 현재 아니면 미래와 관련되어 있는데, 과거로 돌아가서 어쩌란 말인가?

나는 자동차에서 나와 모래언덕을 따라 터덜터덜 걷기 시작했다. 의사는 나더러 해변으로 가라고 했었다. 그곳이 행복한 추억이 어려 있는 장소라는 게 이유였다. 그래, 거기가 바로 내가 가야 할 곳이었다. 기억의 뒤편으로 반쯤은 사라져버린 행복한 추억들이 있는 그곳.

나는 햇볕에 따뜻하게 데워진 모래 위에 몸을 뉘었다. 과거라는 샘을 들여다보려고 하자 막상 샘 위로 떠오른 것은 행복한 장면이긴 했지만 그리 선명하지는 않았다. 그래서 나는 실험을 해보기로 했다. 화가가 그려놓은 이 흐릿한 그림에 내가 색깔을 입히고 윤곽을 더 또렷하게 그려보는 것이었다. 나는 특별한 사건들을 고른 다음 그 사건과 얽혀 있는 자질구레한 사실들을 되도록 많이 끌어모았다. 사람들의 옷이나 몸짓 같은 것도 선명하게 보이도록 만들어보았다. 그들의 목소리, 웃음소리에도 (조심스럽게!) 귀를 기울였다.

썰물이 서서히 빠져나가고 있었지만 천둥이 치는 듯한 파도소리는 여전했다. 그래서인지 내 기억은 오랜 세월을 가로질러, 제2차 세계대전 중에 태평양에서 전사한 동생과 마지막으로 낚시 여행을 떠났던 때로 거슬러 올라갔다. 눈을 감은 채로, 그 먼 아침의 장난기 가득한 내 동생의 눈빛과 우스갯소리를 생생하게 보고 들을 수 있기를 간절히 바란다면, 꼭 불가능한 일만은 아니라는 생각이 들었다.

실제로 나는 그 모든 것을 볼 수 있었다. 아랍인들이 지니고 다니는 초승달 모양의 칼처럼 휘어진 상아빛 해변에서 낚시를 하고 있는 모습과 해가 떠오르는 불그스름한 동쪽 하늘, 장엄하면서도 느릿느릿 말려들어가는 거대한 파도가 생생하게 눈앞에 떠올랐다. 나는 바다 쪽으로 밀려나가던 물길이 내 무릎 주위에서 소용돌이를 일으키는 것을 느꼈고, 동생의 낚싯대가 물고기의 입질로 활처럼 휘는 것을 보았으며, 승리에 도취한 동생의 고함소리를 들었다. 기억의 조각들을 끌어모으자 그것은 투명한 물감을 뚫고 또렷한 형상으로 드러났다. 그러곤 사라져갔다.

나는 천천히 몸을 일으켰다.

'뒤로 돌아가도록 노력하세요.'

행복한 사람들은 매사에 확신을 가지고 자신감에 차 있다. 만약 당신이 의식적으로 그 행복한 순간으로 되돌아가려 한다면, 플래시가 터지면서 그 장면들이 당신 앞에 펼쳐지지 않을까?

두 번째 시간이 빠르게 지나갔다. 태양이 긴 그림자를 드리우며 기울기 시작했고, 나는 간절한 마음으로 지나간 시간들 속을 헤매었다. 몇 가지 사건들이 되살아났고 거의 잊혀진 줄 알았던 기억들이 모습을 드러냈다. 가령 이런 것도 있었다. 내가 열세 살이고 동생이 열 살이던 어느 날 아버지는 우리에게 서커스를 구경시켜주기로 약속했다. 하지만 점심 무렵 전화가 한통 걸려왔고, 아버지는 온통 시내의 급한 일에 신경을 빼앗겼다. 우리는 실망스런 일이 벌어지는 건 아닐까 마음을 졸인다. 그때 아버지의 말소리가 들려왔다.

"안 돼, 난 갈 수가 없어. 나중에 처리하지 뭐."

아버지가 식탁으로 돌아오자 어머니의 얼굴에 미소가 어렸다.

"서커스는 다시 올 텐데, 당신도 알잖아요."

"알지. 하지만 어린 시절은 다시 오지 않아."

아버지가 말씀하셨다.

오랜 세월 속에서 내가 이 일을 기억해낸 것은 불현듯 환하게 밝아오는 온기 속에서 '애정이란 결코 완전히 사라지지 않는다'는 사실을 깨달았기 때문이다.

3시 무렵, 썰물이 완전히 빠져나갔다. 파도소리는 마치 거인의 숨소리처럼 먼 곳에서 규칙적으로 속삭이고 있을 뿐이었다. 모래 위에 앉은 채로 나는 느긋하고 만족스런 기분을 즐겼다. 얼마큼은 무심해진 것 같기도 했다. 그러면서 생각했다.

'무슨 처방전이 이렇게 시시하지?'

하지만 아직 다음 처방전을 펼쳐볼 준비는 되어 있지 않았다. 시간이 얼마쯤 흐른 뒤, 세 번째 처방전과 마주쳤다. 그들은 마치 명령하듯 소리를 질렀다.

'당신의 동기를 재검토하세요.'

세 번째 처방전을 보자 처음엔 괜스레 심술이 났다.

'내 동기에 잘못이 있었던 건 아니야. 난 성공을 원했을 뿐……. 누군들 그렇지 않겠어. 폭발적인 인기를 바란 것도 사실이지. 하지만 그건 모든 사람이 그렇잖아. 그리고 지금보다 좀 더 안정되기를 원하기도 했어. 근데 그게 뭐 잘못된 건가?'

그 순간 조그마한 목소리가 들려왔다.

"어쩌면 그 동기들은 썩 좋은 게 아닐지 몰라. 그것이 잘 돌아가던 바퀴를 멈추게 했을지도 모른단 말이지."

모래를 한 움큼 쥐자 손가락 사이로 모래알들이 스르르 빠져나갔다. 예전에 일이 순조로울 때엔 뭐든지 늘 자연스럽게 되어갔다. 뭔가를 꾸며내지도 않았고 매사에 자유로웠다. 뭔가를 하나하나 따져보기 시작하면서 일들은 작위적이 되고 생명력을 잃어갔다. 왜? 내가 일자리를 찾을 때 염두에 두는 건 보상이었다. 보상이 끝나면 일도 끝났다. 하지만 그건 결국 돈을 버는 것, 즉 월급 명세서를 의미할 뿐이었다. 누군가를 돕고 뭔가에 공헌하려는 생각은 미친 듯 안정을 추구하는 과정에서 모두 잃어버렸던 것이다.

불현듯 잘못된 동기에서 출발하면 결코 올바른 결과를 얻을 수 없다는 생각이 들었다. 그건 우체부건, 미용사건, 보험사 직원이건, 주부건, 다르지 않을 것이다. 누군가에게 봉사하려는 마음가짐을 간직하는 한 당신의 일은 잘 풀릴 것이다. 그러나 자기 편안함에만 골몰하면 당신의 일은 막혀버리고 말 것이다. 이것은 만유인력의 법칙만큼이나 냉혹한 법칙이다.

나는 오랫동안 거기에 앉아 있었다. 썰물이 밀물로 바뀌면서 모래톱 멀리서 웅얼거리던 파도소리가 텅 빈 메아리가 되어 돌아왔다. 햇살은 내 뒤편에서 거의 수평을 이루며 비쳐 들어왔다. 해변에서의 시간은 거의 끝나가고 있었다. 처음에는 이게 무슨 퀴즈 놀인가 싶었지만, 이제는 지극히 즉흥적이고 교묘하게 만들어진 의사의 처방전이 어려움에 처한 누군가에게 정말 가치 있는 치료책이라는 확신이 들었다.

'조심스럽게 들어보세요.'

흥분한 마음을 진정시키기 위해서는 그 요동치는 마음을 천천히 가라앉혀야 하고, 초점을 외부에서 내면으로 이동시켜야 한다.

'뒤로 돌아가도록 노력하세요.'

인간의 마음이란 한 번에 단 한 가지만 붙잡을 수 있다. 그러니 당신이 과거의 행복했던 순간과 마주치는 순간 당연히 현재의 걱정들을 떨쳐낼 수 있다.

'당신의 동기를 재검토하세요.'

어떤 일을 하도록 부추긴 동기라는 것이 자신의 능력과 양심에 들어맞는지를 다시 한 번 살펴보는 이 도전이야말로, 이른바 치유의 핵심이다. 이때의 마음가짐은 순수해야 하며 기꺼이 받아들이려는 자세가 필요하다.

이 세 가지 과정들이 지나고, 어느새 오후 6시가 침묵 속에 놓여 있었다. 마지막 처방전을 펼쳐 들었을 무렵 서쪽 하늘은 진홍빛 화염에 싸였다. 나는 아주 길게 만조의 자국이 선명하게 드러나 있는 해변을 천천히 걸어갔다. 그리곤 발걸음을 멈추고 종이에 적힌 단어들을 읽었다.

'모래 위에 당신이 걱정하는 것들을 적어보세요.'

나는 종이를 주머니에 집어넣고 모래가 젖어 있는 쪽으로 내려가 부서진 조개껍데기를 하나 집어 들었다. 그리고 놀이 붉게 물든 하늘 아래 무릎을 꿇은 채로 여러 개의 단어들을 써나갔다. 하나를 쓰고, 그 위에다 또 하나를 쓰고, 다시 그 위에……. 내 걱정들이 모래 위에 쌓여갔다.

그리곤 밖으로 걸어 나왔다. 나는 뒤를 돌아보지 않았다. 내가 모래 위에 써놓은 힘겨운 일들 위로 밀물이 몰려오고 있었다.

받아들임의 기도

몇 해 전, 우리 친구들은 가슴 아픈 소식을 들었다. 한 친구의 10대 아들이 차츰 눈이 멀더니 결국 아무것도 볼 수 없게 되었다는 것이다. 놀라고 슬픈 마음에 황급히 찾아간 우리는 그들의 딱한 처지에 동정을 보냈지만, 정작 그들은 비관하는 말 한마디 하지 않았다. 그날 밤, 집을 나서면서 나는 그들의 의연함에 존경심마저 들었다.

나는 소년의 아빠가 밤하늘의 별들을 올려다보면서 했던 말을 아직도 기억하고 있다.

"우리가 선택할 수 있는 건 세 가지인 것 같아. 우선, 우리에게 일어난 일을 저주하면서 슬퍼하고 분노하는 거지. 아니면 이를 꽉 깨물고 참아낼 수도 있을 거야. 또 하나는 우리에게 일어난 일을 담담히 받아들이는 거고. 첫째 방법은 아무런 소용이 없고 두 번째 방법은 결국 우리를 지치게 만들 거야. 결국 우리는 세 번째 방법을 선택해야 해."

'받아들이기.'

한계를 인정하지 않는 사람들은 이 방법을 거부했다. 부인과 변명의 뒤편으로 몸을 숨긴 사람들도 마찬가지다. 또한 분노와 쓰라림을 버리지 못한 채 혼란을 자초하던 사람들도 역시 이 방법을 철저히 거부해왔다. 이와는 반대로 어긋난 관계를 회복하고 망가진 삶을 복원하려고 고통스럽지만 첫발을 뗀 사람은 그 과정에서 마주치는 수많은 험난하고 괴로운 현실을 기꺼이 '수용'하고 만다.

받아들인다는 것은, 삶이라는 거대한 융단을 짜기 위해서는 결국 바늘 한 땀에서 시작할 수밖에 없다는 사실과 같다. 끔찍하면서도 수수께끼 같은 질병인 알코올 중독을 예로 들어보자. 이 질병의 치유는 어디서 시작되는 것일까? 별로 내키지도 않으면서 '알코올 중독 방지회'의 회원이 되고, 모임에 나가 다른 회원들 앞에서 자신을 소개하는 말을 시작하지 않으면 안 된다.

"저는 알코올 중독자입니다."

실패한 결혼의 경우는 어떤가. 당신의 결혼생활은 벼랑 끝이나 당신을 향해 다가오는 급류 위에 서 있다. 결혼문제 카운슬러는 당신에게, 잘잘못을 떠나 불확실하고 불완전한 인간으로서 상대의 모든 것을 받아들이지 않는 한 어떤 중재도 성공할 수 없노라고 말할 것이다. 말인즉슨 옳다. 이 사실을 받아들인다는 것은 모든 역경을 함께할 것임을 의미한다.

너무 어렵다고? 그렇다. 이건 소름이 끼칠 만큼 어려운 일이다. 하지만 배짱과 즐거움, 궁극적 행복이란 말이 가져다주는 최고의 효과는 어떤 기기로도 측정할 수 없다.

예전에 감독교회파의 장로 한 분을 알고 지냈는데, 그는 선천적으로 귀가 안 들리는데다 눈마저 거의 보이지 않았다. 그런데도 그는 설교를 했고, 아픈 사람을 찾아다녔고, 도움이 필요한 사람들의 하소연을 들어주었고, 우스갯소리엔 호탕하게 웃음을 터뜨렸으며, 자신의 엄청난 재산을 기꺼이 내놓았다. 그리고 수많은 시간들을 그 모든 일에 투자했다.

어느 크리스마스 날, 나는 그와 함께 소품 몇 가지를 사려고 인파로 북적이는 가게엘 들어갔다. 출입문 뒤편에는 거울이 하나 붙어 있었다. 볼일을 다 보고 가게를 나서려고 문 쪽으로 다가갔는데, 그 순간 그는 거울에 비친 자신의 모습을 보고 마치 자신을 향해 누군가가 다가오는 것이라고 생각한 모양이었다. 그는 당연히 옆으로 비켜섰다. 상대가 비켜서니까 그는 다시 앞으로 나갔고, 그렇게 하자 상대 역시 앞으로 나섰다. 그는 다시 뒤로 물러설 수밖에 없었다.

이 어색한 광경은 결국 구경꾼들의 눈에 띄었다. 어떻게 해야 할지 가게 안의 그 누구도 선뜻 나서지 못했다. 하지만 세 번씩이나 다가가고 물러서기를 반복하고 나서 그는 자신이 거울과 마주 서 있다는 사실을 깨달았다.

"이런! 나였잖아."

그가 큰 소리로 외치더니 거울 속의 자신에게 고개를 꾸벅 숙였다.

"만나서 반갑네, 노인 양반! 메리 크리스마스!"

너른 가게 안이 웃음바다가 되었다. 그때 누군가의 조그만 목소리가 내 귀에 들려왔다.

"인사를 하니까 인사를 받게 되는군."

그것은 '받아들이는 행위'가 가져다준 선물이었다. 자신의 한계를 받아들이면 오히려 그 한계를 뛰어넘는 힘이 생긴다.

이 선물을 잘 받아들이게 하는 방법은 무엇일까? 자아에 상처를 입히고, 영혼을 괴롭히는 돌팔매와 화살을 막아내는 방법은 무엇일까? 어려운 고비, 문제, 패배와 맞서기 위해선 물러서지 않고 그것을 정면으로 응시하며 이런 다짐을 가슴에 품어야 한다.

'여전히 할 수 있다.'

지난여름 캘리포니아에서 나는 스카이다이버 일을 하던 남자를 취재했다. 열아홉 번째 낙하에서 그는 낙하산이 완전히 펴지지 않은 채로 떨어졌는데, 겨우 펼친 비상 낙하산마저 일부가 주 낙하산에 휘감기면서 시속 10킬로미터의 속도로 말라붙은 호수 바닥에 추락하고 말았다. 의사들은 온몸이 부서져버린 이 사나이를 보면서 결코 병원 침대를 벗어나지 못하리라고 예상했다. 의사들은 그에게 솔직하게 상황을 얘기해주었고, 그는 절망의 늪에 빠져버렸다.

병원에서 지내는 동안 그는 여러 환자들을 만났는데, 그들 중에 자동차 사고로 척추에 심각한 손상을 입은 남자가 있었다. 이 사람은 보행이 불가능한 것은 물론 손가락 하나도 다시 움직일지 장담할 수 없었다. 그런데도 그는 언제나 쾌활했다.

그는 이렇게 말하곤 했다.

"이런 얘긴 누구한테도 할 필요가 없지만. 난 아직 읽을 수가 있고, 음악을 들을 수도 있고, 사람들과 얘기를 나눌 수도 있고……."

'여전히 할 수 있다'는 말은 우리의 관심이 초점을 잃어버린 것에서 남은 것으로, 그래서 아직은 얻을 수 있는 것으로 옮겨가게 해준다. 그래서 그는 고난을 이겨냈고, 절룩거리지 않고 걸을 수 있었으며, 다시 스카이다이버를 할 수 있다는 희망과 결의를 품게 되었다.

어떤 사람들은 '받아들임'을 '감정에 휘둘리지 않는 것(냉담함)'과 혼동한다. 하지만 이 둘은 하늘과 땅 차이다. 감정에 휘둘리지 않는다고 큰소리치는 사람들은 도움을 받을 수 있다는 것과 도움을 받을 수 없다는 것을 구별하지 못한다. 그것은 의지에서 행동으로 이어지는 과정을 마비시켜버리지만, '수용'은 감당할 수 없는 짐을 벗어버리게 해준다. 드와이트 아이젠하워의 어머니는 신심이 깊은 여성이었다. 미래의 대통령이 소년이었을 때, 그녀는 아들에게 이런 말을 들려주었다.

"인생이란 카드 패를 나눠주는 일이란다. 카드 게임은 너에게 달려 있어."

그녀의 철학 속에는 '수용'이 있을 뿐 '냉담함'은 기미조차 보이지 않는다.

시력을 잃어버린 소년의 가족들이 택한 것 역시 '받아들임'이었다.

그들은 점자를 배울 수 있도록 아들을 도와주었고, 어둠 속에서 살아가야 하지만 충분히 행복하고 유익할 수 있다는 확신을 전해주려고 애썼다. 그들의 아들은 지금 빛나는 대학생활을 하고 있으며, 이렇게 자신 있게 묻는다.

"보이지 않는다는 건 제가 가진 장애입니다. 그럼 당신의 장애는 무엇이죠?"

결국 '받아들임'은 자기연민의 사슬을 끊음으로써 스스로를 자유롭게 하는 것이다. 일단 충격과 실망을 받아들인다면 당신은 자유로워질 것이다. 그랬을 때 비로소 새로운 도전을 할 수 있으며, 그 이후에 어떤 놀라운 결과가 만들어질지는 아무도 모른다.

나는 이러한 사실을 조금이나마 맛본 적이 있었다. 대학 신입생 때였다. 고향집으로 잠시 내려가 부모님과 그다지 즐겁지 않은 대화를 해야 했다. 내가 세운 그럴싸한 계획들이 실패를 거듭했던 즈음이었다.

내가 계획했던 건 일종의 사업이었다. 캠퍼스 내의 자동세탁장 운영은 학생들 소관이었는데, 그러다 보니 계약을 따내기 위해 신입생들 간에 경쟁이 치열했다. 나는 전날 밤까지 연락을 기다렸지만 결국 아무런 소식을 받지 못했다. 최선을 다했지만 지원자로 뽑히지 못했다는 얘기를 부모님께 털어놓을 수밖에 없었다.

"왜 뽑히지 못했을까?"

아버지가 물으셨다.

실패에 대한 기억만큼 또렷한 것도 없을 것이다. 석탄난로가 가르릉거리며 타오르던 소리며 그림자가 내려덮인 책장 위를 비추던 황갈색 불빛을 나는 아직도 기억하고 있다.

나는 천천히 말했다.

"형편없는 장사꾼이었죠, 뭐. 저는 숫기도 용기도 없었어요. 딴 친구들은 잘들 했어요. 제가 있을 자리가 아니었나봐요. 다른 건 잘 모르겠어요."

그러고 나서 나는 충고와 격려를, 진정으로 노력한다면 할 수 있을 거라는 상투적인 강의를 기다렸다. 하지만 방 안엔 침묵만이 흘렀다. 이윽고 아버지가 부드럽게 웃으며 말씀하셨다.

"그래, 잘했다. 네가 할 수 있는 일이 무엇인지 아는 것도 중요하지만, 네가 할 수 없는 일도 있다는 사실을 아는 것 역시 중요하단다. 이제 그 일은 잊어버리고 진정으로 네가 있어야 할 자리가 어딘지 얘기해 보자!"

아버지는 내게 실패를 받아들이라고 하셨다. 그러지 않고서는 내가 있어야 할 자리를 찾을 수 없다면서. 받아들여야만 잊을 수 있고 잊어야만 행할 수 있다고 조용히 일러주셨다. 에이브러햄 링컨은 자신을 찾아온 손님에게, 남북전쟁의 엄청난 시련 속에서도 비난에 굴하지 않고 마지막까지 최선을 다했노라고 말했다.

"만약 결과가 좋다면 아마 그 누구도 비난하지 않을 것입니다. 그러나 결과가 나쁘게 나온다면 오직 천사들만이 내가 옳았다고 증언할 테지요."

그는 대통령이라는 무서우리만치 고독한 자리가 부과하는 책임감을 기꺼이 '수용'하는 자신만의 방법을 그런 식으로 표현한 것이다.

'수용'이 보상을 가져다준다면, '거부'는 벌칙을 가져다준다. 예전에 세 명의 자녀를 둔 부부가 있었다. 제일 큰아이는 여자애였는데, 성격은 상냥했지만 행동이 너무 굼떴다. 지능발달에 문제가 있는 게 분명했지만 부모는 그 사실을 받아들이려 하지 않았다. 그들은 아이가 보통 아이들과 다르지 않다고 생각하려고 애를 썼다. 그들은 아이를 도저히 따라갈 수 없는 학교에 집어넣었고, 더 수준 높은 과제를 내주라고 교사들에게 요청하기까지 했다. 아이의 장애를 고친답시고 세상을 바꾸어놓으려고 애썼다. 다른 아이들의 정서적 욕구 같은 건 안중에 없었다. 그러면서도 모든 일이 잘 되어간다고 여겼으며, 자신들의 행동이 올바르다고 생각했다. 하지만 결국 그들은 아이의 진짜 모습을 받아들이기를 '거부'함으로써 아이의 삶이 모든 사람의 짐이 되게 만들어버렸다.

어쩌면 삶이란 언제나 바라는 대로 되는 것은 아니라는 사실을 단순히 '인정'하는 것에서 우리들이 사는 세상에 최초의 지혜가 생겨났을지 모른다.

우리들은 우리가 그러리라고 믿고 싶은 만큼 선하거나, 친절하거나, 열심히 일하는 사람이 아니다. 중요한 것은 아직 뭔가를 할 수 있는 존재라는 사실이다. 내일은 또 새로운 태양이 뜰 것이다. 더 나아지기 위한 새로운 도전, 새로운 기회가 찾아올 것이다.

미국의 신학자인 라인홀트 니부어의 기도문은 이렇게 시작한다.

"변하기 원하는 것을 변하게 해줄 힘을 제게 허락하시고, 변할 수 없는 것이라면 받아들일 용기를 허락해주시고, 이 둘을 구별할 수 있는 지혜를 내려주소서."

사람들은 이것을 '받아들임의 기도'라고 불렀다. 그들은 정확히 보았다.

가슴 깊이 새겨 넣을 이미지

내게 있어서 가장 생생하고 값진 추억 가운데 하나는 내가 태어난 조지아 주 남부의 온화한 12월 오후로 돌아가는 일이다. 그것은 내가 기억하는 그때의 날씨가 너무도 청명하기 때문이다. 그리고 그 추억이 값진 이유는, 완전히 이해하기는 힘들어도 그때 내가 굉장한 지혜를 얻었기 때문이다.

스무 발들이 단발 엽총을 크리스마스 선물로 받아든 나는 조지아에서 가장 자랑스러운 13살 소년이었다. 더구나 첫 사냥에서, 행운이 따라주긴 했지만 단 한 발로 새를 명중시켰다. 내 심장은 흥분과 자신감으로 터져버릴 것 같았다.

하지만 아버지와 친구인 나이 지긋한 판사님과 함께한 두 번째 사냥은 험난했다. 그의 외모는 영국산 경찰견인 블러드하운드 같았다. 상처자국이 있는 거무스름한 얼굴과 처진 눈, 넉넉한 도량이 느껴지는 풍모가 왠지 경찰견을 연상시켰다. 판사와 함께 사냥을 한다는 사실은 적잖은 부담이었다. 나는 그에 대해 경외감 비슷한 것을 느꼈고, 어떻게든 그를 기쁘게 해주고 싶었다. 따지고 보면 그건 굴욕적인 일이기도 했다.

우리는 새들이 많이 모여 있는 곳을 발견했는데 그분은 새떼가 날아오를 때마다 한두 마리씩은 꼭 명중시켰다. 그러나 나는 번번이 깃털 하나 건드리지 못했다. 나는 열심히 노력했다. 위로 쏘기도 하고, 아래로 쏘기도 하고, 곧바로 쐈다가 좀 늦춰서 쏘기도 했다. 하지만 아무 소득이 없었다. 헛총질을 할수록 내 몸의 근육은 점점 더 말을 듣지 않았다.

갑자기 나이 먹은 포인터가 종려나무 수풀 속에 메추라기가 있다는 신호를 보내왔다. 녀석은 긴 꼬리를 빳빳하게 꼬부린 채로 그 자리에 얼어붙은 듯 서 있었다. 나 역시 얼어붙고 말았다. 이제 곧 또 한 번 망신을 당할 게 뻔했다.

그분은 총을 조심스럽게 땅바닥에다 내려놓고는 나를 바라보았다.

"좀 쉬었다 하자꾸나."

친구를 대하듯 다정한 목소리였다. 그는 파이프를 꺼내 뭉툭한 손으로 담배가루를 채우더니 천천히 말했다.

"얼마 전에 네가 처음으로 메추라기를 잡았단 얘기를 네 아빠가 해주시더구나. 그게 정말이니?"

"예, 판사님. 운이 좋았어요."

나는 잔뜩 주눅이 든 목소리로 대답했다.

"그럴지도 모르지. 하지만 무슨 상관이야. 근데 그때 네가 어떻게 한 건지를 정확히 기억하고 있니? 눈을 감은 채로 짐작만으로 총을 쐈을 수도 있을 거야. 어땠니?"

나는 고개를 끄덕였다. 사실이 그랬다. 나는 그때의 일을 자세하게 털어놓을 수밖에 없었다. 그 새는 내 발치에서 날아올랐는데 총이 저절로 새를 향해 발사된 것 같았다. 새가 떨어졌고, 나는 의기양양했다. 칭찬이 쏟아졌고…….

판사님이 편안하게 말했다.

"그랬구나. 이제 여기 앉아서 몇 차례 총을 쏴보거라. 그런 다음에 저기로 가서 발을 굴려 새를 날려 보내보자. 그 누구도 신경 쓰지 말고, 오로지 그날 네가 멋지게 쐈던 그 순간만을 생각하면서 사격을 해라. 너만의 방식으로 하는 거지."

그가 말해준 대로 하자, 마치 거울에 비치는 듯 모든 움직임이 그대로 되었다. 발을 굴려 메추라기를 날아오르게 하고 나서 부드럽고 정확하게 총을 들어 겨냥했다. 메추라기들이 마치 내 인생의 목표이기나 한 듯. 내 발밑에는 금세 새들이 수북이 쌓였다.

나는 사냥을 계속했지만 판사님은 더 이상 총을 쏘지 않았다.

"오늘 일을 잊지 말아라, 얘야. 넌 오후 내내 실패에 초점을 맞추고 있었다. 난 네가 성공의 이미지를 바라봤으면 했어."

이것은 그때껏 내가 들어본 충고 가운데서 가장 훌륭한 말이었다. 살아가면서 더 이상 그런 충고를 들을 수 없을는지도 모른다고 생각했다. 그렇다면 나는 지금껏 살아오면서 그의 충고를 정확히 인식하고, 맹렬히 간직하고, 충분히 실천에 옮겨놓았을까? 물론 아니었다. 나는 그럴 듯한 속임수에 즐거워하는 어린아이에 불과했다. 마음의 힘이란 것이 얼마나 놀라운지를 온전히 알지 못했던 것이다.

마술이 사실이라고 믿는 아이처럼 오랫동안 나는 그분의 충고를 사냥꾼이 지니고 다니는 행운의 부적인 양 간직하고 있었다. 훗날 나는 그 부적이 사냥뿐 아니라 다른 운동경기에도 고스란히 작용한다는 사실을 알게 되었다. 테니스 선수들은 서비스 에이스를 필요로 하는 결정적인 순간, 자신의 라켓이 그야말로 초인적인 폭발력을 내곤 한다고 말한다. 그것은 마치 망치로 내려치는 것처럼 서비스 에이스를 성공시켰던 순간을 생생하고도 분명하게 떠올렸기 때문이다.

이제 나는 그 이유를 안다.

인체는 엄청난 문제를 해결하도록 설계된 최상의 기계다. 그 기계는 20미터 밖에서 손수건만 한 곳으로 테니스공을 질풍처럼 날려 보내거나, 28그램짜리 탄환을 초당 30미터 이상의 속도로 날려 보내 시속 80킬로미터로 움직이는 목표물을 관통하도록 만든다. 긴장이 지나쳐서 근육이 뻣뻣해지고 반응이 무뎌지지만 않는다면, 그래서 뇌 속의 그 놀라운 성능을 지닌 컴퓨터가 흐릿해져버리지만 않는다면, 인체는 실은 이보다 훨씬 더 어려운 일도 해낼 수 있다.

그러나 이 긴장(열에 아홉은 과거에 실패했던 기억에 바탕을 두고 있어 생긴다)은 충분히 줄일 수 있으며, 과거의 성공을 기억해냄으로써 완전히 없애버릴 수도 있다.

이러한 '성공의 이미지' 기법을 맨 처음 적용시킨 것은 운동경기였다. 하지만 훗날 나는 이와 비슷한 원리가 운동뿐 아니라 각 분야에서 성공을 거둔 많은 사람들에게 작동되고 있다는 사실을 알게 되었다. 이 기법을 통해 그들은 자신의 기본적 자질을 변화시켰고, 노력이라는 면에서도 놀라울 만큼의 변화를 가져왔으며, 심지어 지적인 능력에도 변화를 일으켰다. 그들 모두가 공통적으로 지니고 있는 것은 바로 '자신감'이었다.

언젠가 기업가 한 분이 첫 직장에 대한 추억을 들려준 적이 있었다.

"처음에 내가 한 건 집집마다 찾아다니면서 냄비를 파는 일이었지요. 영업사원으로 일을 시작한 첫날에 나는 마흔 집을 방문했는데 단 한 곳에서만 냄비를 팔았어요. 마지막으로 방문한 집에서 내 물건을 사주었던 그 여자분의 얼굴을 아직도 기억해요. 처음엔 미심쩍어 하다가 차츰 호의적으로 변하더니 부쩍 흥미를 보이며 마침내 사겠다고 하던 그 표정이 잊히지가 않아요. 한동안은 힘이 들 때마다 그녀의 얼굴을 부적처럼 떠올리곤 했지요."

이 사람에게 그 주부의 얼굴은 성공한 영업사원의 모습을 비쳐준 거울이었다.

그런데 아무리 뛰어난 재능을 가진 사람이라도 순간적으로 무기력해지는 경우가 있다. 언젠가 『바람과 함께 사라지다』를 쓰던 당시의 심정을 알고 싶어서 저자인 마가렛 미첼 여사를 찾아갔을 때였다.

"모든 것이 아주 잘 되어가고 있었죠. 어떤 독자분이 미국의 소설가 스티븐 빈센트 베넷이 새로 발간한, 『존 브라운의 육체』라는 책을 보내주기 전까진 말이에요. 남북전쟁에 관한 그의 대서사시를 읽고 나서, 난 눈물을 쏟아내며 그동안 내가 써놓았던 원고들을 서랍에서 모두 꺼내 던져버렸어요. 내가 어떤 신념을 가져야 하는지, 내 작품이 가야 할 방향이 어딘지를 깨닫기까지는 몇 달이나 걸렸어요. 그만큼 그 책은 내게 끔찍한 수치심을 안겨주었지요."

끔찍한 수치심(자신의 능력에 대한 확신을 잃어버렸던 한때를 그녀는 그렇게 표현했다)은 그녀를 완전히 무기력하게 만들어버렸다.

우리 모두를 두렵게 만드는 실패의 상처는 사소한 것에서도 일어나며, 어쩌면 아주 어렸을 적에 시작되는지도 모른다. 어린아이들은 칭찬과 확신을 먹고산다. 그들은 성공에 대한 기억이 실패에 대한 기억보다 우월하다면 언제든 자신의 힘으로 모든 과제를 해결할 수 있는 존재들이다. 지혜로운 노 판사가 내게 썼던 방법이 바로 그것이었다. 내가 '실패에 초점을 맞추고 있다'는 것을 알고서는 내 시선을 성공의 방향으로 돌리도록 해주었던 것이다.

이러한 전략은 무조건 갈망하는 마음을 가지는 것과는 다르다. 마술의 기본은 뭔가가 실제로 일어나는 것처럼 시각화하는 것이며, 그렇게 해서 실제로 그 일이 일어나도록 하는 것이다. 그럴 듯하게 만들어놓은 특별하고도 탄탄한 구성을 가진 이야기 속에 자신을 집어넣는 것이다.

이러한 이야기들은 실제로 우리 모두에게 일어난다. 처음의 실패는 새로운 것을 배우기 위해서는 당연히 지불해야 하는 대가다. 수상스키를 처음 탔을 땐 몇 번쯤은 비틀거리며 곤두박질을 칠 수밖에 없다. 대중 강연을 하거나 케이크를 구울 때도 역시 바라던 것과는 너무도 먼 결과를 얻을 수밖에 없다. 하지만 당신이 그 일을 거듭한다면 머지않아 한번쯤은 성공을 거두게 된다. 운이 좋아서건 시간에 따라 으레 그렇게 되건 말이다.

바로 그 우연찮은 성공이 똑같은 문제를 향해 나아가는 당신의 다음 도전을 성공으로 이끄는 이미지가 된다. 그 성공의 이미지를 당신의 가슴에, 말의 발바닥에 박는 편자처럼 단단히 새겨 넣자. 그러면 그것이 당신에게 단지 행운만이 아닌 더 나은 무엇을 가져다줄 것이다.

삶을 사랑하는 일

얼마 전 세상을 획기적으로 변화시킬 수 있는 새로운 과학의 발달에 대해 일군의 과학자들과 얘기를 나누던 중에 나는 새삼 자아에 대해 깊이 생각하게 되었다. 통신 전문가들은 사람 머리카락의 두 배 정도 두께의 케이블을 통해 수백 개의 텔레비전 프로그램을 동시에 전달할 수 있다는 실험 결과를 들려주었다. 어떤 물리학자는 광선을 집적해놓은 레이저가 의학에 사용된다는 얘기를 해주었다. 그의 말에 따르면 레이저가 손상된 망막을 치료할 수 있다는 거였다. 물리적 세계에 숨겨진 잠재력을 끌어내는 인간의 놀라운 능력에 관한 이야기들이 쉴 새 없이 쏟아져 나왔다. 하지만 물질의 세계가 아니라 인간들 속에 잠재되어 있는 능력을 끌어내는 문제에 대해 얘기하는 사람은 없었다.

인간의 잠재적 능력을 끌어내는 일은 세상에서 가장 위대한 도전일 것이다. 우리들에게는 아직 개발되지 않은 광대한 에너지가 존재한다.

아주 가끔, 우리는 운 좋게도 이 미스터리한 보물창고와 맞닥뜨린다. 그럴 때면 우리는 자신감이, 창조적인 힘이, 행복감이 거대한 파도처럼 밀어닥치는 걸 느낀다. 그러다 갑자기 회로가 툭 끊어지면서 원래의 단조로운 자기 자신으로 돌아오고 만다.

그 회로를 평생토록 열어놓은 채로 살아가는 소수의 사람들이 있다. 그들은 생명력이 넘치고, 정력적이며, 생산적이고, 보통 사람들보다 수명도 길다. 그들은 웬만해서는 지루함을 느끼지 않으며, 낙담하는 일도 별로 없다. 그들은 바로 자기 부활의 비밀을 발견한 사람들이다.

과학자들과 만나고 나서 자기 부활이란 것에 대해 깊이 생각하게 된 나는 특별히 이 분야와 관련 있을 만한 지인들의 명단을 작성해보았다. 맨해튼에 사는 성직자, 시카고의 보험회사 중역, 콜로라도의 정신과 의사, 그리고 우리 고향에서 남편을 잃고 홀로 사는 여성이 물망에 올랐다. 나는 네 사람을 방문해서 그들이 자기 부활의 비밀을 여는 어떤 열쇠를 가지고 있는지 물어보기로 결심했다.

맨해튼을 방문했을 때, 성직자 생활을 하고 있는 친구는 사무실 의자에 앉아 내 얼굴을 골똘히 바라보았다.

"자기 부활? 그래, 그런 방법이 있다면 그건 어떻게든 종교적인 거겠지. 영적인 에너지 같은 것 말일세. 열정이나 열망, 활력 같은 것들에 담겨 있는 능력 말이야. 도덕성도 해당이 되겠지."

"도덕성?"

"그렇지. 사람들이 나쁘게 행동하거나 일을 뒤죽박죽으로 만드는 것은, 문제와 부딪쳐 싸울 힘을 잃었기 때문이야. 도덕적으로 문제가 있다는 거지. 무기력하고 지쳤다는 건 어느 정도는 악하다는 것과 같아. 그런 상황에서 자기 부활이란 생각도 할 수 없는 일이지."

"그럼 자넨 자기 부활에 대한 답을 가지고 있나?"

내 물음에 그는 슬며시 미소를 지었다.

"딱 부러지게 답을 하면 의심스럽게 보이겠지? 난 '가끔은 선善에 굴복하라'는 충고를 하곤 해. 이건 자학적인 자기희생을 의미하지는 않아. 도덕적 가치를 지닌 사려 깊은 행동을 하라는 것이지. 도움을 필요로 하는 사람을 돕고, 잘못된 것을 바로 잡고, 적을 용서하는 것 말일세. 그런 행동들은 자기 자신만을 위한 게 아니기 때문에 훌륭하지."

"그런 행동이 자기 부활을 이끌어 온다, 이 말이지?"

"그렇지. 우리가 사는 우주는 도덕적이니까, 도덕적 행위는 이 우주를 지탱하는 힘과 우리가 하나가 되도록 해줄 수밖에 없어. 만약 우리가 선에 굴복하면 우리는 힘을 얻게 돼. 만약 우리가 끊임없이 거부한다면 우린 모든 것과 충돌할 수밖에 없어. 그렇게 되면 결국 우린 자신의 깊은 내면과도 싸우게 되지. 그리고 사람은 도덕적 행동을 할 수 있는 능력뿐 아니라 도덕적 행위에 대한 욕구도 선천적으로 가지고 있어. 만약 자네가 이성적으로 진정 선에 굴복하면 할수록 자넨 더 이상 자기 부활 따위를 찾아 나서지 않아도 될 거야. 그게 자네를 찾아올 테니까."

시카고로 건너간 나는 반백의 조용하고 자신감에 찬 보험회사 중역과 레스토랑에 마주 앉았다.

"자기 부활의 공식?"

그는 내 말을 되뇌었다.

"딱 이 말이면 되겠구먼. 네 자신을 열정에 노출시켜라!"

그러더니 지갑에서 다 해진 종이 쪼가리 하나를 꺼내 보여주었다.

"난 영업사원들에게 이걸 읽어주곤 해. '자신의 일에 열정이 없는 자는 인생에서 공포 외엔 느끼지 못한다. 세상에 존재하는 모든 기회는 그 기회와 사랑에 빠진 사람 손에 잡히기를 기다리고 있다!' 어떤가?"

"누가 한 말이지?"

"미국의 철학자 샘 골드윈. 사상가 에머슨도 비슷한 말을 했지. '어떤 위대한 것도 열정 없이 얻어지는 법은 없다.' 그들은 옳았어. 열정에는 마술과도 같은 힘이 있어. 열정은 타성을 극복하게 해주고, 낙담을 내쫓아버리고, 성취를 가져다주거든. 더 놀라운 건 전염성이 있다는 사실이야. 보험 상품을 들고 집집마다 방문판매를 하러 다닐 때 그걸 발견했지. 실적을 한 건도 올리지 못한 채 쉰 번이나 남의 집 초인종을 누르고는 밤이 깊어 집으로 돌아오면 내 열정은 바닥을 기었지.

내가 살던 하숙집에는 세 명의 노인네가 있었어. 한 사람은 우표 수집광이었고, 또 한 사람은 야구를 미치도록 좋아했고, 또 한 노인은 시카고 시장을 지독하게 싫어했지. 기억이 잘 나지는 않지만 아마 시카고 시장을 미워하는 걸 즐겼던 것 같아. 난 그들과 취미에 대해 얘기했는데, 그들이 얼마나 열정적이었던지 완전히 압도당했어. 그래서 난 결심했다네. 보험을 파는 일에 열정을 바치리라고 말이야."

그는 몸을 숙이더니 진지한 표정으로 식탁을 톡톡 두드렸다.

"열정은 뭔가를 돌보는 일이야. 누군가를 진정으로 보살피는 것. 어디를 가든, 누구를 만나든, 항상 보살필 대상을 찾아보게. 자네가 그 대상을 발견하는 순간 그 대상에서 불꽃이 튀길 거야. 그리고 그 불꽃이 자네의 내면에 불을 당겨줄 거야. 자기가 부활하는 순간이지."

콜로라도 주 덴버로 건너간 나는 나이 지긋한 정신과 의사의 지혜롭고 아량이 넘치는 두 눈을 마주했다. 그가 말했다.

"물론 인간에겐 숨겨진 힘이 있습니다. 위급한 순간에 놀라운 물리적 에너지가 분출되곤 하지요. 가령 어떤 남자는 차에 낀 운전자를 빼내기 위해 사고가 난 자동차를 번쩍 들어올리기도 했고, 어떤 여자는 배가 뒤집히자 어린아이 하나를 안고서 5킬로미터나 헤엄쳐서 구해내기도 했죠. 그런 힘은 존재하는 줄도 몰랐던 발전기에서 뿜어져 나온다고 할 수 있습니다. 그런 물리적 힘과 마찬가지로, 정신적 에너지가 분출되는 곳 역시 바로 그곳일 겁니다. 독창적이고 창의적인 사람들은 대부분 의식과 무의식 사이의 채널을 열어둔 채로 살아가지요."

"그렇지만 어떤 방법으로 그 채널을 열어두는 거죠?"

내 말에 그가 웃음을 터뜨렸다.

"누군가가 그 질문에 대해 확실하게 답변할 수 있다면, 이 세상은 지금과는 전혀 다른 모습이겠죠. 하지만 난 이런 답변을 내놓겠습니다.

당신 자신의 그림자로부터 벗어나라."

"무슨 뜻이죠?"

"자기 자신에 대해 너무 가혹한 판단을 내리지 말라는 겁니다. 자신의 잘못이나 단점에 집중하지 말고, 가끔은 장점들을 들춰내서 자신을 신뢰하는 데 쓰라는 말이죠. 얼마나 많은 사람들이 나를 찾아와서 자기 자신이 선하지 않다고, 절망적인 실패자라고 말하는지 들으면 아마 깜짝 놀랄 겁니다. 이 사람들은 자신에게 좀 더 관대할 필요가 있어요. 왜냐하면 자신에게 베푸는 관대함이 죄의식과 열등감을 덜어주니까요. 죄의식과 열등감은 무의식에서 일어나는 힘의 통로를 막아버립니다.

나는 오늘 아침 굉장히 의기소침한 남자와 얘기를 나누었어요. 그 사람에게 이렇게 말했죠. '당신이 몇 가지 실수를 한 건 분명합니다. 그런데 실수란 누구나 하는 거 아닌가요? 내가 보기에 당신은 지나치게 오랫동안 자기 머리를 쥐어박으며 산 것 같단 말이죠. 인간들 속에는 알게 모르게 적잖은 영웅심이 잠재되어 있어요. 당신은 자신이 이기적이라고 말하지만, 당신의 순수입 중 몇 퍼센트나 자신을 위해 씁니까? 5퍼센트쯤 되죠? 아니면 10퍼센트? 그 나머진 가족들을 위해 쓸 겁니다. 그렇지 않나요? 그렇다면 당신의 아내는 얼마큼의 시간을 집을 가꾸고 아이들을 보살피는 데 쓸까요? 아마도 거의 모든 시간을 그렇게 할 겁니다. 당신은 선하지 않은 곳보다는 선한 곳에 훨씬 가까이 있다는 사실을 기억하세요. 그러니 당신 자신에게 부드러워지세요. 행복과 자긍심과 에너지가 당신을 다시 찾아오게 놔두세요! 이해하시겠어요?

이게 바로 자기 부활이란 겁니다.'"

 마지막으로 조지아에 돌아온 나는 나이도 지긋하고 거기에 걸맞은 명성도 얻고 있는 한 여성과 마주했다. 그녀는 예전처럼 이름 앞에 다시 '미스Miss'를 붙였는데, 그것은 자신에 대한 애정과 자긍심과 존경을 드러내는 것이었다. 때때로 그 자긍심은 실제보다 좀 지나친 듯해 보이기도 했다. 마을의 역사를 되돌아보노라면, 병원을 새로 건립하거나 법정을 문란하게 하는 폭력배들을 몰아내는 대열의 선봉에는 언제나 이름 앞에 '미스'라는 칭호가 붙은 그녀가 서 있었다. 여성의 상징처럼. 바로 그것이 내가 미스 캐롤라인을 찾아간 이유였다.
 자기 부활에 대해 묻자 미스 캐롤라인은 기분 좋게 말했다.
 "엄청난 질문이구나, 얘야! 그건 도전과 응전이라는 오래된 법칙이야. 그렇지 않니? 네가 도전을 받으면 네 안의 뭔가는 반응을 할 거야. 간단한 일이지."
 "사람들은 그렇게 간단하게 보지 않던데요."
 "그건 그들이 도전을 거부하기 때문이야. 나도 처음엔 그랬단다. 뭔가에 말려들어가는 두려움, 잘못할 수도 있다는 두려움, 사람들이 내게 실수한 거라고 말하면 어쩌나 하는 두려움이 있었지. 하지만 뭔가 잘못 돌아가고 있구나, 그냥 놔두었다간 무슨 꼴을 당할지 모르겠다는 생각이 들면, 갑자기 기적처럼 에너지를, 도전정신을, 굳건한 정신을 가지게 되고 무엇이든 결국 우리가 해야 할 일을 해내게 된단 말이지.

이건 아주 흥미로운 일이야. 성취감은 더없이 나를 만족시키고, 다음에 또 뭔가가 도전해 오면 기꺼이 받아들이는 거야. 이 마술과도 같은 과정은 끊임없이 반복되지. 자기 부활의 공식이라고 했니? 그건 이런 거야. 해야 할 필요가 있는 것을 찾아라, 그리고 그것을 시작하라!"

"미스 캐롤라인. 저는 다른 지역에 사는 네 사람에게 똑같은 질문을 드렸습니다. 그리고 네 개의 서로 다른 답을 얻었습니다."

그녀는 네 개의 대답에 대한 나의 이야기를 주의 깊게 듣고 나서 이렇게 말했다.

"그 대답들은 그다지 많이 다르진 않구나. 말하는 방식은 달라도 같은 말인 것 같은데."

그녀는 미소를 지으며 말을 이었다.

"내 할머니였다면 그 네 가지 답을 이렇게 요약해주었을 것 같구나. '삶을 사랑하라. 그러면 그 삶이 사랑을 네게 되돌려줄 것이다!' 나는 이 말을 아주 어렸을 적부터 기억하고 있었단다. 할머니가 해주신 말씀이었으니까. 그리고 이 말은 모든 일에 어김없이 적용되었지. 받아들일 수 있겠니?"

나 역시 미소를 짓지 않을 수 없었다.

"노력해볼게요, 미스 캐롤라인."

나는 다시 한 번 말했다.

"정말 노력해볼게요."

자아 발견의 순간

놀라운 인생, 그 모든 기적들

그날은 우리 가족들 모두가 기억하고 있을 정도로 이상하리만치 따분한 일요일 오후였다. 나는 아이들을 태우고 솔방울과 도토리라도 주울 요량으로 시골길로 차를 몰았다. 어떤 목적이라도 없는 것보단 낫지 않은가! 감기에 걸린 아내를 쉬게 할 수만 있어도 괜찮았다.

미국 최남단의 안개 낀 가을은 바람 한 점 일지 않으며, 수증기는 부드러운 대기 속에 금빛 연기처럼 걸리곤 한다. 그날이 바로 그랬다. 그날 내 기분은 왠지 가라앉아 있었다. 특별한 문제가 있어서 마음이 무거운 건 아니었다. 이런저런 일들이 괜히 심란하게 만들었다. 어떤 친구가 나를 불편하게 했는지, 아니면 내가 그냥 그렇게 생각하고 있었는지, 아무튼 그랬다. 취소된 원고 계약 때문일 수도 있었다. 가족들 간에도 이성이나 상식에 맡겨둘 수만은 없는, 사소하지만 마음을 야금야금 파먹는 문제가 없진 않았다.

이 문제들이 내 마음에 끊임없이 소용돌이를 일으키고 있었다. 해질 무렵 내 마음을 완전히 바꾸어놓을 것만 같은 곳을 발견했다. 고요한 떡갈나무 숲 속에 있는 사람들의 발길이 끊긴 묘지였다. 소나무겨우살이가 지붕처럼 묘석을 덮은 모양은 유령이라도 나타날 듯 음산했다. 아이들은 가장 오래된 무덤을 찾는 놀이를 하면서 사냥개 무리처럼 이리저리 뛰어다녔다.

"야, 여기 좀 봐, 1840년이야!"

"하하, 이게 더 오래됐어. 1812년!"

바람에 삭은 비석들을 내려다보며 천천히 발길을 옮기는데, 울음인지 웃음인지 모를 이상한 소리를 내며 커다란 갈색 올빼미 한 마리가 날개를 감춘 채 나무 밖으로 느릿느릿 모습을 드러내는 게 보였다.

'신경 쓰지 말게, 늙은 올빼미 양반. 죽은 자들은 어린애들이 떠드는 소리 따윈 들을 수가 없으니까.'

나는 마음속으로 말했다.

내 발길을 멈추게 한 것은 1865년에 열병으로 사망한 어떤 이의 '사랑하는 아내' 비석이었다. 그녀의 이름 아래 한 줄로 된 묘비명이 새겨져 있었는데 알아보기가 어려웠다. 나는 얼굴을 가까이 들이밀고 슬픔에 빠진 자식들이 성경을 넘기며 신중하게 골랐을 문구를 확인해보았다. 그것은 성경에서 따온 인용구가 아니라 하나의 진술이었다.

'최선의 것을 찾으려 했던, 그리고 그것을 발견한 여인이 여기 잠들어 있다.'

나는 차가운 돌 위에 손가락을 댄 채, 우리가 시간이라 부르는 환각 너머로 현재는 사라져버리고 과거가 회오리를 일으키는 모습을 보고 있었다. 한 세기 전 이 여인은 소름끼치는 전쟁 속에서 살았을 것이다. 어쩌면 그 전쟁은 그녀에게서 남편을 앗아갔을지 모르고 아이들마저 잃었을지도 모른다. 전쟁이 끝나고 그녀의 조국은 패배했고 폐허가 되어버렸다. 그녀는 굴욕감과 절망을 맛보아야 했을 것이다. 그리고는 훌쩍 세상을 등졌고, 그렇게 떠나간 그녀를 위해 그녀를 잘 알던 누군가가 묘비명을 썼을 것이다. 묘비명을 쓴 사람은 그녀가 항상 최선의 것을 찾으려 했고, 또한 언제나 그것을 발견했다는 사실을 알고 있었다.

이상하게도 단 한 구절의 문장에 마음이 온통 빼앗기는 때가 있다. 우리가 희부연 안개 속을 걸어 자동차를 타고 집으로 돌아오는 도중에 그 문장이 내 가슴 안에 온전히 녹아들었다는 게 느껴졌다.

'그녀는 항상 최선의 것을 찾으려 했다.'

그 말 속에는 용기와 위엄과 목적이 들어 있었다. 그것은 더할 나위 없이 귀중한 비밀을 간직하고 있는 듯한, 일종의 승리이기도 했다. 우리가 인생에서 찾으려는 것이 그녀가 찾으려 했던 것과 같다면 우리도 언젠가는 분명히 찾을 것이다. 하지만 그곳으로 가는 것은 그녀가 아니라 바로 우리 자신이다.

스테이션왜건 한 대가 길가에 서서 우리를 기다리고 있었다. 꽤나 멀리 과거로 날아갔던 나는 나를 괴롭히던 문제들을 다시금 생각했다. 나는 최선의 것이 아니라 최악의 것에 초점을 맞추고 있었다. 친구와의 불화를 초래한 오해는 수많은 세월 동안 쌓아왔던 우정에 비한다면 한순간에 불과했다. 계약 취소는 분명 실망스런 일이었지만 그것 말고도 내게는 할 일이 많았다. 또한 가족들 사이의 문제는 거대한 사랑의 바다에 둘러싸여 있는 한낱 조그만 섬에 불과할 뿐이다.

우리는 집으로 돌아왔다. 지친 아이들은 각자 방으로 흩어졌다. 나는 새삼스레 집 안을 둘러보며 걱정거리들을 생각해보았다. 그건 마치 근사한 손님들을 초대해놓고 그들 앞에 근사한 것을 내놓겠다고 설쳐대는 모양새였다. 모든 게 늘 그 자리에 있었는데 그걸 새삼스레 특별히 좋아해달라고 손님들을 졸랐던 셈이다.

나는 나 자신에게 말했다.

'넌 오늘 소중한 것을 배웠어. 최선의 것을 찾아라!'

거실은 늘 그랬듯 익숙했고 조용했다. 의자는 오래된 친구였다. 벽난로 역시 늘 그랬듯 뭔가를 웅얼거리며 타올랐다.

'그걸 찾고 있니?'

나는 나 자신에게 물었다 그리고 이렇게 대답했다.

'먼 곳에서 찾을 필요는 없지. 누구도 그렇게 해선 찾을 수 없을 거야. 그건 언제나 우리들 곁에 있는 거니까. 선함, 풍요로움, 놀라운 인생, 그 모든 기적들.'

다섯 살짜리 아이가 무릎 위로 기어 올라와서는 헝클어진 머리를 비벼대며 내 품을 파고들었다. 아이의 꿈꾸는 듯한 눈동자 속에 벽난로의 불빛이 숨겨져 있었다.

"아빠?"

"응?"

아이의 눈동자는 오래된 묘지처럼 새까맸다. 노랗게 바래가는 나뭇잎들을 바라보는 늙은 올빼미와 낡은 묘비에 새겨진 지혜의 말들이 어둠과 침묵 사이로 흘러내렸다.

"옛날 이야기 하나 해주세요."

"옛날…… 이야기?"

한 세대가 흘러가고 다른 세대가 다가오고 있었다.

"옛날, 옛날, 아주 오랜 옛날에……."

시간이 바람처럼 흘러가고 있었다.

• 에필로그 •

한 개의 촛불이 꺼진다고
세상이 모두 어두워지는 것은 아니다

　위의 제목은 제2차 세계대전 중 영국을 잿더미로 만들어버린 공습이 끝난 후 만들어진 조그만 무덤 앞에서 발견한 묘비명이다. 어떤 이는 유명한 인용문일 거라고 생각하겠지만, 사실 그렇지 않다. 이것은 나치의 폭격으로 죽은 애완견을 애도하며 혼자 살던 어느 할머니가 쓴 것이었다.
　사실, 나는 시적이고도 수사적인 표현 때문에 이 묘비명을 늘 기억하고 있었다. 뭔가에 실망하고, 열패감에 휩싸이고, 절망에 빠지는 순간이면 늘 이 문장에 매달리곤 했다. 가슴 깊이 사랑했던 뭔가를 떠올리게 하는 이 문장 속엔 아주 작은 것들이 깃들어 있다. 해맑은 웃음소리, 잠자는 아이의 얼굴, 바람에 흔들리는 나무 한 그루……
　누구나 조그만 촛불조차 가질 수 없을 만큼 가난하지는 않다. 그들이 켜져 있는 동안, 어둠은 그만큼 물러날 것이다. 경이로움에 닿을 수 있는 손길은 아직 남아 있는 것이다.

아서 고든

KI신서 1612
Wonder

1판 1쇄 인쇄 2008년 12월 17일
1판 1쇄 발행 2008년 12월 24일

지은이 아서 고든 **옮긴이** 하창수 **펴낸이** 김영곤 **펴낸곳** (주)북이십일 21세기북스
기획 심지혜 **편집** 박효진 **디자인** 이예숙, 김정인 **마케팅** 주명석 **영업** 최창규, 이종률, 서재필
출판등록 2000년 5월 6일 제10-1965호
주소 (우413-756) 경기도 파주시 교하읍 문발리 파주출판단지 518-3
대표전화 031-955-2100 **팩스** 031-955-2151 **이메일** book21@book21.co.kr
홈페이지 www.book21.com **커뮤니티** cafe.naver.com/21cbook

값은 뒤표지에 있습니다.
ISBN 978-89-509-1671-8 03840

이 책 내용의 일부 또는 전부를 재사용하려면 반드시 (주)북이십일의 동의를 얻어야 합니다.
잘못 만들어진 책은 구입하신 서점에서 교환해 드립니다.